# 脊柱损伤法医临床鉴定实务

主编　顾晓峰



东南大学出版社
SOUTHEAST UNIVERSITY PRESS
·南京·

图书在版编目(CIP)数据

脊柱损伤法医临床鉴定实务 / 顾晓峰主编. — 南京：东南大学出版社，2017.11

ISBN 978-7-5641-7454-5

Ⅰ.①脊… Ⅱ.①顾… Ⅲ.①脊柱损伤-法医学鉴定 Ⅳ.①D919.4

中国版本图书馆 CIP 数据核字(2017)第 260110 号

**脊柱损伤法医临床鉴定实务**

| | |
|---|---|
| 出版发行 | 东南大学出版社 |
| 社　　址 | 南京市四牌楼 2 号(邮编:210096) |
| 出 版 人 | 江建中 |
| 责任编辑 | 褚　蔚(Tel：025-83790586) |
| 经　　销 | 全国各地新华书店 |
| 印　　刷 | 虎彩印艺股份有限公司 |
| 开　　本 | 880mm×1230mm　1/32 |
| 印　　张 | 6.75 |
| 字　　数 | 169 千字 |
| 版　　次 | 2017 年 11 月第 1 版 |
| 印　　次 | 2017 年 11 月第 1 次印刷 |
| 书　　号 | ISBN 978-7-5641-7454-5 |
| 定　　价 | 39.80 元 |

本社图书若有印装质量问题，请直接与营销部联系，电话：025-83791830

# 序
# PREFACE

法医学鉴定涉及基础医学与临床医学众多专业学科，同时具有自身的学术特点与技术重点，但侧重于专业学科与专门理论、技术又能直接为法医学鉴定提供参考与指导意见的学术专著仍显不足，实为广大从业人员的遗憾。顾晓峰副主任法医师荟萃骨科学与脊柱外科学相关理论与技术，结合其从业二十余年的实践经验，撰写此《脊柱损伤法医临床鉴定实务》一书，弥补了法医临床学鉴定专著的空白，值得广大同行予以关注。

随着我国各项事业的高速发展，加之人民群众法律意识的普遍提高，由于各类人身伤害事故引发的纠纷与诉讼有逐渐增多的趋势，脊柱损伤又是其中的常见损伤类型。与此同时，人们生活节奏加快，生活条件明显提高，人均期望寿命显著延长，脊柱疾病也日趋增多，时常成为影响健康生活的突出问题。脊柱是人体的中轴，具有承载、运动与保护的功能。脊柱承载、运动功能与人的日常生活、工作性质息息相关，一旦发生损伤或疾病，常常影响人们的日常生活活动能力与社会活动能力，而脊柱退变、损伤时常呈现互为因果、相互作用的联系，导致脊柱外伤后的法医学鉴定往往涉及多因一果的复杂逻辑关系，增加了脊柱损伤法医学鉴定的复杂性。本书作者根据自己的实践经验，梳理了脊柱的解剖结构与生理学理论知识，针对各类损伤的病理生理特点，对与此相关的人体损伤程度、伤残等级鉴定以及伤病关系进行了颇为全面的总结，可以为法医界同行提供良好的借鉴，让脊柱外伤的法医学鉴定更为科学公正。

应本书作者之邀，欣然提笔，以此为序，并非常高兴地将此书推荐给广大法医学界同仁。希冀本书能成为你案头的参考书，或许能为你将来遇到的某一具体案例提供有益的专业意见。

（司法部司法鉴定科学技术研究所研究员、主任法医师　夏文涛）

2017 年 6 月于上海

# 前言

FOREWORD

当今社会现代工业、交通运输业、建筑业、体育事业等快速发展，意外事故的发生率随之上升，脊柱损伤日趋增多。脊柱作为骨骼的一部分，其发生和发育经历了极其复杂的过程。脊柱是人体的中轴骨骼，具有支持躯干、减缓震动、保护内脏、保护脊髓和进行运动的功能，即承载、运动、保护功能。脊柱承载能力和运动功能的变化，同脊柱退变和病变之间存在互为因果的关系。人体脊柱每天都受到很大的压缩载荷，不同的体位、体重及肌肉韧带的承载能力造成不同的脊柱内压缩载荷。当身体处于屈伸及进行其他日常活动时，压缩载荷随之增加，对于正常个体，这些不会给脊柱带来巨大损伤或引起失稳，但随着年龄增加，压缩载荷会加速脊柱的损伤与退变。因此，脊柱外伤后造成的后果，与外力作用、日常载荷、损伤部位的结构特点及现存疾病包括退变等因素相关，即普遍存在多因一果关系，导致脊柱损伤法医学鉴定比较复杂，容易引起鉴定纠纷。

笔者从脊柱外伤法医学鉴定实际出发，对脊柱结构特点、生物力学特点、脊柱损伤特点、伤病关系以及损伤程度、伤残程度等方面进行总结，以便脊柱外伤鉴定更为科学公正，减少鉴定纠纷。

本书中仍有不足之处，欢迎读者批评指正，以便今后更好完善。

顾晓峰

2017 年 5 月

# 目 录
CONTENTS

# 第一章 脊柱解剖结构

## 第一节 脊柱的发生、发育与畸形

### 一、脊柱骨骼的发生、发育

脊柱作为骨骼的一部分，其发生和发育经历了极其复杂的过程。典型的椎骨骨化过程始于胚胎期，至出生后 25 岁时方结束，历经充质期、软骨期和骨化期三个阶段。

（一）充质期

脊索为原始中轴，由间叶组织形成生骨节。椎骨的发育始于生骨节的形成，以脊索为纵轴并围绕这一中轴线发育。每个生骨节分化为颅侧半的疏松部分及尾侧半的致密部分，以后尾侧半与下一个生骨节的颅侧半形成脊椎。两部分均围绕脊索形成椎体，从颅侧半向背侧伸展，围绕神经管形成椎弓，椎间裂的间叶组织形成椎间盘，髓核即为脊索的残余。

（二）软骨期

胚胎第 7 周，出现 4 个软骨化中心，即椎体 2 个、每侧椎弓出现

1个。软骨化中心逐渐增大愈合，形成一个软骨化脊椎。

（三）骨化期

胚胎第8周，每个脊椎骨出现3个初级骨化中心，其中之一以后发育成椎体，其他两个发育为两侧的椎弓。出生时，每个椎骨由3个骨性部分组成，即一个中心部（椎体）和左右两个神经弓，彼此之间借透明软骨相连。中心部与神经弓相连接处称为神经弓中心软骨联合，此联合3～6岁时开始骨化。颈椎两侧椎弓于1岁时开始在后部愈合，以后逐渐向下，至10岁时骶骨椎弓全部愈合。椎弓前部与椎体间的软骨联合如继续存在，在X线片上显示一缺损，易误为骨折。在青春期，椎骨的压力和牵引骨骺出现，至25岁左右时愈合。人类压力骨骺呈环状，中心为透明软骨，周围为骨性环，位于中心部的上下关节面，一直延伸至神经弓，形成椎体上、下的软骨板。青春期另有7个次级骨化中心，形成棘突、横突和关节突的尖。在发生上，每个横突分一个肋骨部和一个横突部。在所有脊椎骨中，横突部由上下关节突发生，肋骨部一般由椎体的侧面发生。颈椎和腰椎以后虽不发生肋骨，但颈椎横突的前结节和腰椎横突的前部，在发生上即代表当初的肋骨部分。

12岁开始，每节骶椎椎体的上下面的骺板、外侧部耳状面和外侧缘的骺板，均相继出现次级骨化中心。到17～20岁，各骨化中心彼此融合，5个骶椎形成一块骶骨，尾椎也形成尾骨。

脊柱的初级弯曲是胸曲，形成于胎儿期。脊柱的次级弯曲是颈曲和腰曲，形成于出生后，分别由头部抬起和行走的原因所形成。

儿童期通常指出生后1～12岁，这也是人体生理结构生长发育最快的时期。这个时期脊柱发育的可塑性大，从爬行到行走，从卧位、坐位到直立位，随着应力负荷的增加，脊柱各部位发育发生各自变化。

特发性脊柱侧弯也多在该时期开始形成并发展加重。在此期间，可因多重因素的影响，引起两侧椎弓骨化异常，导致椎板增厚，椎弓根变短，或两侧椎弓过早发生骨性连接，椎管矢径减少，形成先天性椎管狭窄。也有人认为先天性椎管狭窄是由于胚胎期两侧椎弓的软骨中心发育异常或软骨发育不全导致两侧椎体及椎弓及椎心之间早闭所引起的。

## 二、椎间盘的发生、发育

### （一）椎间盘的发生

原始椎间盘为膜性结构，围绕椎体原基，后期膜性结构形成脊柱的前、后纵韧带等。前、后纵韧带发育后，前纵韧带发育后，前纵韧带牢固地固定于软骨椎上，而后纵韧带固定于椎间盘纤维环上。髓核有两个起源：一是脊索组织，是出生前髓核增加的主要来源；二是纤维环的内层，是出生后髓核增加的主要来源。脊索组织由未软骨化的细胞致密部包绕，形成真正的纤维环。纤维环最外层与椎体或纵形韧带相连，出生时已完成椎间盘形态的发生。

### （二）椎间盘的发育

髓核发育过程中，当脊索细胞消失后，髓核的生长主要靠纤维成分的增殖，在 4 岁时髓核的纤维成分明显并有软骨发育。纤维环在前方及两侧最强，而后方则较软弱。在胎儿发育的早期，血管即深入椎间盘。血管沿椎体缘进入椎间盘，每隔一定距离朝向髓核方向发出细支，但出生后不久这些血管即开始减少和变细，至 18～25 岁，大部血管均已消失，在血管穿入处的软骨性终板上可留下一些空隙。当血管完全退化时，这些软骨空隙可被软组织代替，有的发生钙化，其结果对逐渐胀大的髓核形成抵抗力薄弱区。经由这些抵抗力减低区即可发生髓核脱垂，形成 Schmorl 结节（许莫氏结节）。椎间盘并无血管直接供应，其营养的唯一来源是经椎体软骨板弥散而来。由于椎间盘的血管逐渐退化，至 20～30 岁时，髓核亦逐渐被纤维组织所代替，失去其原有的胶状性质。

## 三、脊柱的先天性畸形

脊柱椎骨畸形变异比较常见。脊柱畸形改变了脊柱的生物力学基础，影响了脊柱的生物力学性能，导致脊柱容易遭受外力损伤。某些畸形容易与脊柱外伤性损伤混淆，如椎弓崩裂、半椎体、青年性驼背等。因此，熟悉脊柱畸形，与脊柱损伤严格区分，对法医临床学鉴定具有重要意义。

### （一）原因

1. 遗传因素　由不正常染色体或生殖细胞原生质突变引起。

2. 影响脊柱正常发生过程的因素　如中胚叶分节不全，骨、软骨及结缔组织发育障碍，先天性代谢疾病，母体子宫内病理改变，不同物质对胎儿所致损伤（如病毒、激素、维生素过多或过少），孕妇多次受 X 线照射，怀孕后服用某些药物等，均易造成脊柱畸形。

### （二）类型

1. 侏儒　是常见的畸形，由于长骨骨骺板内的软骨内成骨过程受阻，致使四肢短小，而头颅相对较大，胸部往往脊柱后弯和腹部突出，颜面的中央区少有发育不良，是显性遗传性疾病。

2. 短颈　又名 Klippel-Feil 综合征，较少见。颈椎数量较少，形态异常，且往往相互融合在一起。主要特征是颈短、低发髻和颈椎活动障碍等。可与其他畸形相伴随。属于常染色体显性遗传，女性占多数。

3. 副肋　由于颈椎或腰椎的肋突没有退化并继续发育所致，可能发育完好，也可能发育不全。腰肋比颈肋多见，有单侧副肋也有双侧副肋。当颈部副肋发生于第 7 颈椎时，有可能压迫臂丛神经或锁骨下血管而产生相应的症状。

4. 脊柱裂及脊膜膨出　先天性脊柱裂伴有脊膜膨出者，根据内容物不同分为脊髓膨出、脊髓囊肿和脊膜膨出三种类型。如只累及骨结构，称为隐性脊柱裂(图 1－1)。是由于左右两半椎弓不能愈合所致，易发生于腰椎和骶椎，颈椎也可发生，易发生于第 1 颈椎。一般只累及一个椎骨，通常无临床症状，其表面皮肤完整，外观如同血管瘤或有色素沉着及毛发丛生，只有影像学检查才能确定。根据 Ingnokam 报道，脊柱裂患者约有 1/4 并有脂肪瘤。因此，在脊柱部分近中线的脂肪瘤诊断上应考虑到隐性脊柱裂的可能。脊柱裂合并有脊髓膜膨出者(图 1－2)，常有下肢瘫痪、营养性溃疡、内翻足及大小便失禁等临床症状。

**图 1－1　隐性脊柱裂**

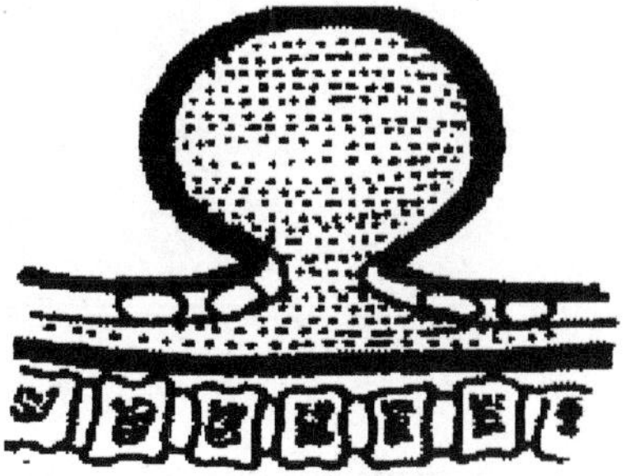

**图 1－2　脊膜膨出**

5. Chiari 畸形　由于颅后凹发育太小，脑向下移位，使脑脊液不能通过第 4 脑室孔，小脑及延髓细长而扁平，并经枕骨大孔呈舌状突入脊髓管。常伴有脊柱裂、脊膜脊髓膨出及脑积水。

6. 椎弓崩裂及脊椎滑脱　脊椎滑脱的致病原因主要有先天性

畸形与外伤两种学说。目前多数学者综合文献研究认为，椎弓峡部缺损可能是由于重复慢性损伤及应力所造成的疲劳骨折，从连续 X 线片观察可以证实，骨折可以愈合。椎弓崩裂或峡部不连为椎弓峡部缺损，如单独存在，亦称脊柱滑脱前征。由于椎弓崩裂所引起的椎体向前移位的滑脱，称为真性脊椎滑脱（图 1－3）。没有椎弓峡部骨不连，由于脊椎或椎间盘退行性变或其他原因，使腰椎后关节突关节关系发生改变所引起的腰椎滑脱叫假性腰椎滑脱。假性腰椎滑脱多见于 60 岁左右的女性，且多发生在第 4 至第 5 腰椎间。

脊椎滑脱的病因：关节突尖部发生病理改变，腰椎极度前凸，支持组织较软，应力骨折所致不连接，关节突间部分先天性发育较弱，直立姿势引起（婴儿及其他灵长类骨骼标本从未发现椎弓峡部缺损）。椎弓裂处的纤维软骨样增生组织对神经根产生的压迫常引起腰痛及下肢放射痛。

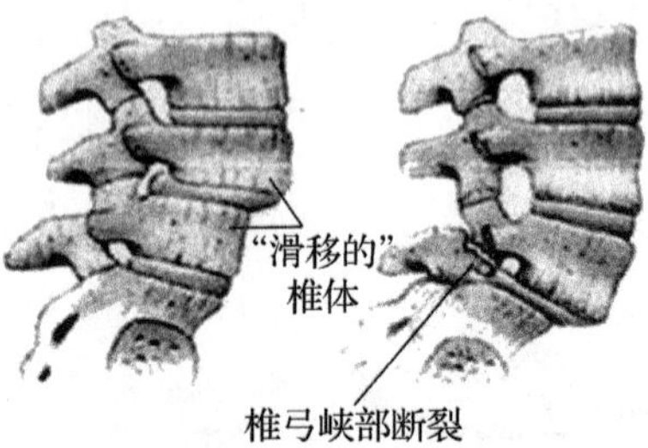


**图 1－3　椎弓崩裂伴脊柱滑脱**

7. 椎体畸形　脊柱骨畸形比较常见，尤其在腰骶部最多，均是由发生过程障碍所致。类型有：

（1）节段性脊柱的脊椎骨数目的增减，如胸椎 12 块变成 11 块或 13 块，或腰椎骶化或骶椎腰化。该变异影响椎体损伤的准确定位，在司法鉴定实践中容易引起异议。

（2）脊椎骨形态改变，如楔形椎、蝴蝶椎、齿状突畸形、脊椎骨分节不全等。

(3) 脊椎骨大小的变化,如横突肥大等。

(4) 椎骨附件形状、大小改变及方向不对称或缺如等,如关节突发育不对称、棘突发育异常、骶椎隐裂等。

(5) 脊椎骨彼此融合。

(6) 半椎体,在正常情况下,发育中的椎体有两个骨化中心,以后融合在一起形成一个完整的骨性椎体。如果其中有一个骨化中心未发生,就造成半椎体畸形。可分为单纯多余半椎体、单纯楔形半椎体、多数半椎体合并为骨条、平衡半椎体和后侧半椎体等五种类型。半椎体在椎体畸形中是较常见的,在先天性脊柱侧弯中,大部分是由半椎体引起的。某些半椎体畸形与椎体压缩骨折相似,在鉴定实施过程中应严格区分。

8. 水平骶椎　在正常情况下,S1 上缘平面和水平线所形成的角度,不应超过 40°～50°,而达到 60°～70°者称为水平骶椎。由于水平骶椎,腰椎生理前凸增加腰椎负重线后移,使椎间盘、周围韧带、关节突关节发生劳损,引起腰腿痛。

9. 椎体骨软骨病　系椎体初级骨化中心的缺血性坏死,又称 Calve 病或扁平椎,多见于儿童,好发于下段胸段,多数只累及一个椎体。患儿可有局限性驼背,X 线表现为椎体密度增高、致密并变扁平,早期可呈双凹形或形似一个平直的铜板,椎体的矢径及横径均增大而超出相邻椎体的边缘,椎间隙正常或增宽。由于儿童骨化中心生长旺盛,经过相当时间,椎体可恢复到正常厚度的 2/3 或接近正常,脊柱后突畸形也随之纠正或消失。

10. 椎体骺板骨软骨病　又称 Scheuermann 病,或称青年性驼背。多发生在生理后突明显而负重较大的下部胸椎,特别是胸 8～11,并常同时几个脊椎受累。许多学者认为本病病变系因椎间盘软骨终板损伤，髓核穿过软骨终板薄弱处而进入椎体松质骨中形成“软骨疝”，称之为 Schmorl 结节。由于胸段髓核偏前，患椎椎体多发生楔形变，而椎体骺板的改变则是继发的，最后骺板与椎体发生骨性融合。患者胸椎生理后突加大，X 线表现为椎体前部上、下缘变薄，呈局限性凹陷或阶梯状变形，椎间隙正常或前部加宽。

## 第二节　解剖结构

脊柱是人体的支柱，主要生理作用在于负荷重力，缓冲振荡，参与胸、腹、盆壁的组成，保护脊髓、神经根及胸腹脏器等。脊柱主要由脊椎骨及椎间盘组成。脊柱未成年前由 33 块脊椎骨组成：颈椎 7 个、胸椎 12 个、腰椎 5 个、骶椎 5 个及尾椎 3～5 个。脊柱前部由椎体及椎间盘组成，呈圆柱形；后部由各椎骨的椎弓、椎板、横突及棘突组成；中间为椎管，椎管不仅有骨性管壁，还有由椎间盘及各韧带组成的软组织管壁。

### 一、脊椎骨的形态

每个脊椎骨分为椎体和椎弓两部分。椎体在前，是椎骨最大也是负重的部分，由颈椎向下负重逐渐增加，椎体体积逐渐加大，至腰 5、骶 1 椎体最大。

#### （一）颈椎

颈椎 7 个椎体，除第 1、2 椎体形态特殊外，颈 3～7 大致相似。颈 3～6 椎体上、下面均呈鞍状，使相邻椎体相接更为稳定。椎体上面的侧方有嵴样隆起，称为钩突，与上位椎体下面侧方的斜坡相应的钝面形成钩椎关节。钩突在颈 3～7 呈矢状位，而在胸 1 近似冠状位，限制椎体侧方移动。

颈椎的关节突从椎弓的根板相接处伸出，关节面平滑，覆盖透明软骨。上关节突朝上后方，下关节突朝下前方。颈椎前屈时，上位颈椎的下关节突在下位颈椎的上关节突上向前滑动。颈椎椎间关节的排列虽有利于屈伸运动，但比较不稳定，屈曲性损伤可致椎间关节发生半脱位或脱位，甚至关节跳跃，即上一颈椎的下关节突滑至下一颈椎的上关节突前方而发生交锁，此时往往引起脊髓损伤。

颈椎的横突短而宽，自椎体和椎弓根交接处发出。7 个颈椎的横突上均有一孔称横突孔，呈卵圆形，由横突前、后根及肋横突板围成，椎动脉向上经各颈椎横突孔，再经寰椎的椎动脉沟入颅，横突孔内还有椎静脉丛及交感神经网通过。横突末端即前后方各有两个结节为横突前后结节，两结节间上面有一个浅沟，走行脊神经，称为脊神经沟。颈椎的椎间孔构成比脊柱的其他部位要复杂，上界为上位椎椎弓根下部，下界为下位椎弓根上部，前界为下位椎的钩突和上位椎的椎体后外侧，后界为下位椎的上关节突，为骨性管道。颈椎间孔底部有颈神经根通过，其余空隙为血管、淋巴管和脂肪组织所占据。容易导致椎间孔变小的因素主要为后界的关节突增生、前界的钩突增生，这两个因素都导致椎间孔的横径变小；其次是椎间隙变窄导致的椎间孔上下径变小。因为椎间孔的上下径平均约有 9 mm，而横径只有 4 mm，所以引起神经根病的横突孔狭窄多数是由横径变小导致的。也就是说，由于椎间隙狭窄导致的椎间孔上下径变小不是颈椎神经根病的常见原因。颈椎体相对较小，颈椎管相对较大，呈三角形，其内通过脊髓颈段。颈椎的棘突末端除第 1、7 颈椎外有分叉。

第 1 颈椎，又称寰椎(图 1－4)，呈环形，没有椎体、棘突和上关节突，由前弓、后弓及两个侧块构成。前弓较短，与其下位的颈椎椎体在一条线上。前弓正中后部有一小关节面称齿突凹,与枢椎的齿突相关节,称为寰齿关节。每个侧块有上、下关节面,上关节面呈椭圆形,与枕骨髁相关节,形成寰枕关节;下关节面为圆形,与枢椎的上关节突相关节。寰椎的横突作为寰椎旋转运动的支点,较长也较大,仅次于腰椎的横突,有许多肌肉附着,其尖端不分叉。从整个颈椎看,寰椎的椎孔相当大,其前 1/3 为齿突所占据,后 2/3 部分脊髓只占一半空间,其空隙可允许一些病理性移位。

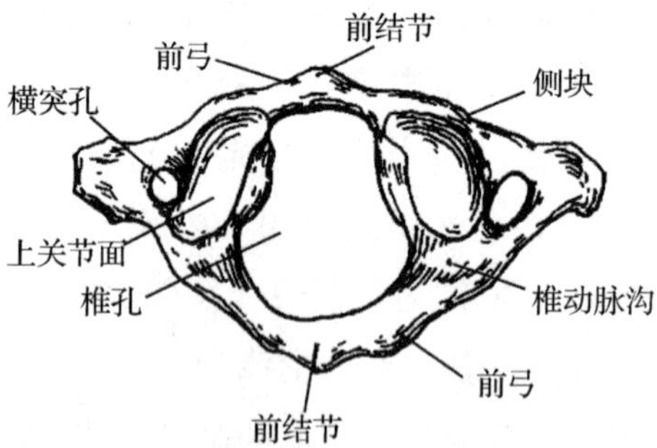


**图 1-4　寰椎上面观**

第 2 颈椎,又称枢椎(图 1-5),在椎体上方伸出一个突起称齿突。齿突一般在 6 岁时与枢椎椎体完全融合,融合处常残留不完整的软骨板。枢椎的上关节面较大,几乎伸至横突。横突短小,朝下。棘突较粗大,有众多肌肉附着。

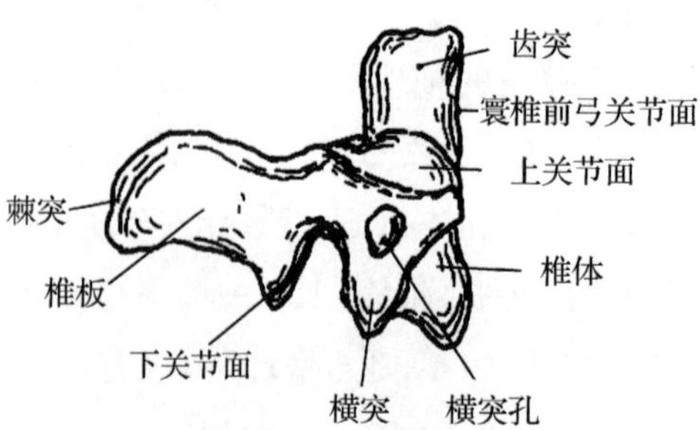


**图 1-5　枢椎侧面观**

第 7 颈椎，又称隆椎，其棘突特别长，稍低头时很容易在颈后正中线上看到和摸到，其下方凹陷处即"大椎穴"。临床上常常通过第 7 椎颈棘突来确定下位的椎骨。

（二）胸椎

胸椎（图 1－6、图 1－7）椎体后部两侧上、下及横突末端均有小的关节面，分别称为上肋凹、下肋凹和横突肋凹。椎体一侧上、下肋凹和肋头相接，形成肋头关节；横突肋凹与肋结节相关节，形成肋横突关节。横突粗短，伸向后外，系因人直立后肋弓凸向后所致。胸椎的棘突细长，伸向后下，彼此叠掩。胸椎体似心形，椎孔相对较小，呈圆形。胸椎的关节突呈额状位，位于以椎体靠前侧为中心的弧度上，上关节突朝后外，下关节突朝前内，这种构造有利于胸椎的旋转运动。

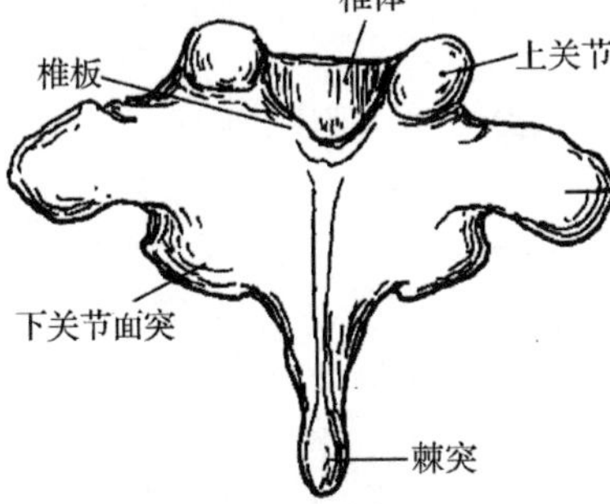


**图 1－6　胸椎后面观**

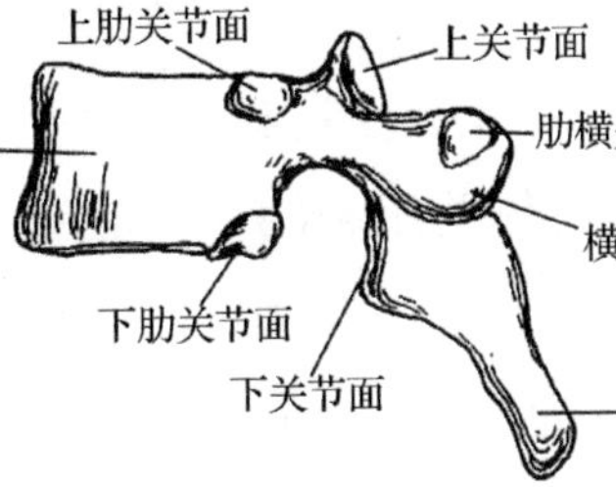


**图 1－7　胸椎侧面观**

（三）腰椎

腰椎（图 1-8、图 1-9）在全部椎骨中椎体最大，椎弓发达，椎孔较大近似三角形，棘突宽大，呈矢状位后伸，末端圆钝，且棘突间隙较宽，腰椎穿刺即从较宽的棘突间隙中进行。关节突可以发生骨质增生、内聚，自后外侧突向椎管或向前倾突引起侧隐窝狭窄。腰椎横突由于直接损伤或附着其上肌肉猛烈收缩可发生骨折。第 3 腰椎横突最长，所受杠杆作用最大，损伤机会较多，如第三腰椎横突综合征。

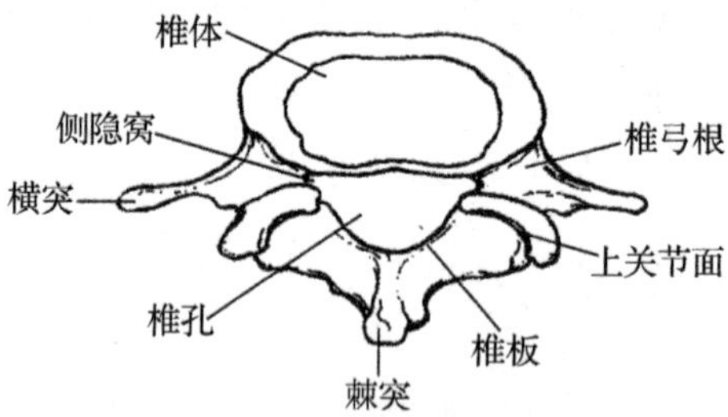


**图 1-8　腰椎上面观**

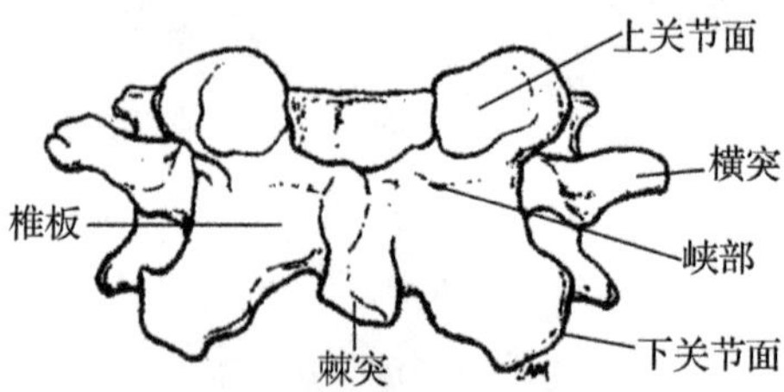


**图 1-9　腰椎后面观**

腰椎关节突间部亦称峡部。其前外侧及后内侧皮质骨之间只有少量骨小梁，较坚固。身体前屈时，发生的剪力作用于腰骶部的关节突间部。由于关节突的方向与作用力垂直，相邻两个关节突被挤压得很紧。某些运动员的关节突间部如长年承受这种压力，有可能发生峡部不连，甚至脊柱滑脱。

第 5 腰椎横突短粗，呈圆锥形，如过度发育，与骶椎融合，称为腰椎骶化。

(四) 骶骨

骶椎有 5 个，成年后融合成一块三角形的骶骨。直立时骶骨向前倾斜约 45°。骶骨具有明显的性别差异，男性的长而窄，女性的短而宽，后者是为了适应分娩需要。

骶骨分骶骨底、侧部、骶骨尖、盆面和背侧面。骶骨底即第 1 骶椎体的上面，宽大，上面呈椭圆形，与第 5 腰椎相接，其前缘突出称为骶骨岬，女性的骶骨岬是产科测量骨盆入口大小的重要标志之一。骶骨两侧上部有耳状面，由上三个骶椎横突相愈合成耳廓状的粗糙面呈凹面，与髂骨的耳状面呈凸面相对应，形成骶髂关节。骶髂关节间隙很窄，虽然两个关节面大部分平滑，但有许多隆起与凹陷部分，相互密切相嵌，更增加关节的稳定性。骶髂关节在构造上属于滑膜关节，但从运动范围来看，可看作是微动关节。其大小及形状随个人有很大差异，即使同一人，两侧也不完全相同。耳状面的后方有骶粗隆、髂粗隆，是韧带的附着点。骶髂关节周围主要韧带有：骶髂骨间韧带、骶髂背侧韧带、骶髂腹侧韧带、骶结节韧带、骶棘韧带等。盆面凹，朝前下，可见明显的 4 对孔称骶前孔，每侧 4 个，骶神经前支通过此孔。背侧面朝后上，中线处有由 1～4 骶椎的棘突融合成的骶正中嵴。在骶正中嵴的两侧，各有一条断续的骶中间嵴，由各骶椎的关节突连成，在每个骶中间嵴的外侧有与骶前孔相通的 4 对骶后孔，骶神经后支由此经过，也是针灸“八髎穴”的位置。

(五) 尾骨

由 3～5 个退化的尾椎融合而成，一般 30～40 岁时才融合成尾骨(图 1－10)。

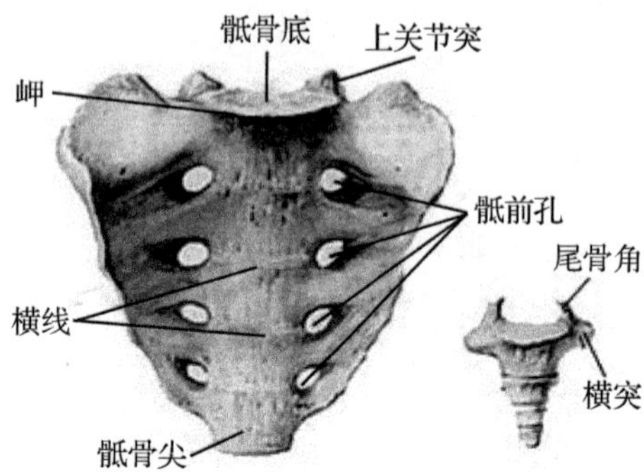


图 1-10　骶椎、尾椎前面观

## 二、椎管

椎管(图 1-11)是由各脊椎骨的椎孔相连而成,其前壁为椎体、椎间盘和后纵韧带,后壁为椎板及黄韧带,侧壁为椎弓根,后外侧为椎间关节。椎管可分为中央椎管及侧椎管,前者主要指硬膜囊占据的部位,后者为神经根通道,即神经根管,经椎间孔与外界相通。屈伸活动时椎管形态可发生动态改变。目前评价椎管大小的主要指标是椎管矢状径。Chen 等通过尸体研究证实,前屈位时椎管矢状径增大,后伸位时椎管矢状径减小。Dalbayrak 等对 258 例脊髓型颈椎病患者行动态 MRI 检查,同样发现颈椎管矢状径前屈位大于中立位,中立位大于后伸位。

颈椎管的形态与脊髓型颈椎病的发病密切相关,脊髓型颈椎病容易发生在椎管发育比较狭窄的人群中,颈椎管狭窄是脊髓型颈椎病的一个促发因素。颈椎椎间孔构成复杂,上界为上位椎椎弓根下部,下界为下位椎椎弓根上部,前界为下位椎的钩突和上位椎的椎体后外侧,后界为下位椎的上关节突。Yoo 等通过尸体研究证实,椎间孔的大小随颈椎的屈伸而改变。Muhle 等前瞻性对 30 名健康志愿者进行

**图 1-11 椎管解剖面**

前屈、后伸及轴向旋转 MRI 检查，测量不同体位的椎间孔大小，发现与中立位相比较，前屈位时椎间孔增大 30%，后伸位时椎间孔减小 20%；而轴向旋转时，同侧的椎间孔减小，对侧的椎间孔增大，且变化程度与旋转角度成正比。Muhle 等对 21 例有症状患者同样行动态 MRI 检查，发现当患者颈椎处于后伸位且向疼痛侧旋转时，椎间孔面积减小。

腰神经根自离开硬膜囊后，直至从椎间管外口穿出，经过一条较窄的骨纤维性通道，统称为腰神经通道。通道分两段，第一段为神经根管，从硬膜囊穿出点至椎间管内口；第二段为椎间管。通道的任何部分及其内容发生病变，均可产生腰腿痛。侧隐窝是侧椎管，也是神经根管狭窄部分。第 5 腰椎间孔呈三叶草形者，侧隐窝尤为明显。椎间管内不仅通过神经根，还通过小动脉、静脉丛、淋巴管及窦椎神经。椎间管内常有纤维隔，连于椎间盘纤维环与椎间关节之间，将椎间管分为上、下两管。上管通过腰神经根、腰动脉椎管内支及椎间静脉上支，而下管通过椎间静脉下支。纤维隔将脊神经与血管分开，对管壁较薄的椎间静脉起保护作用，但又不压迫神经根。同时神经根被支持固定在一个比较窄小的孔道内，使有效空间减少。

## 三、脊柱的连结

脊柱的连结（图 1－12）由韧带、椎间盘及椎骨之间关节构成。

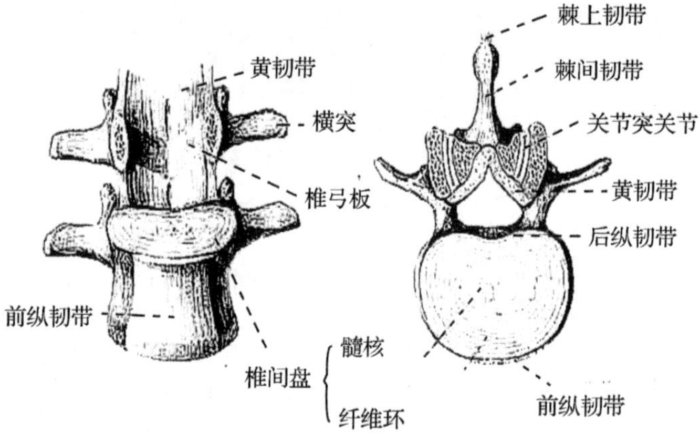


**图 1－12　脊柱的连结解剖面**

### （一）脊柱周围的韧带

1. *前纵韧带*　位于脊柱的前面，上起枕骨的咽结节和寰椎前结节，下至第 1、2 骶椎。前纵韧带由三层纤维构成，浅层越过 3 或 4 个椎体，中层越过 2 或 3 个椎体，深层仅连结两个相邻的椎体。前纵韧带是人体中最长的韧带，较宽，非常坚强。

2. *后纵韧带*　比较薄弱，位于椎体的后部，上起枢椎，下达骶骨，是重要的椎间稳定结构。其分浅、深两层，浅层（椎管侧）连续，位于椎体的中部，坚强；深层（椎体侧）称为扩张部，呈节段性齿状外形，较宽，起到增强纤维环强度的作用，但在椎体的两侧只有扩张部，因而比较薄弱，容易发生椎间盘突出。在颈椎厚，在腰椎薄，颈椎后纵韧带的厚度约为 2 mm。

后纵韧带较前纵韧带狭窄，宽窄不齐，不能完全遮盖椎体后部和椎间盘。前、后纵韧带在胸部较腰部为宽并坚强，不附着于椎间盘而附着于椎体。在强直性脊柱炎时，脊柱附近的韧带常骨化，其中前纵韧带骨化最早。后纵韧带骨化以颈 5 最多，其次为颈 4 及颈 6，累及椎骨数目平均为 3.1 个(2～5)。

3. 黄韧带　由薄而坚韧的黄色弹性纤维构成，连接毗邻的两个椎板。起于上位椎板的下缘的前面，止于下位椎板的上缘的后面。黄韧带几乎充满整个椎弓间隙，其弹性确保了其在脊柱屈伸时可紧张或收缩。正常厚度为 2～4 mm，其厚度由上到下逐渐增加，颈椎黄韧带厚度约为 2 mm。前屈位时受牵拉而伸长变薄，后伸位时由于自身的弹性回缩而变短增厚。正常黄韧带由于具有“预张力”，不致发生皱褶突入椎管。由于外伤和其他原因，黄韧带失去正常柔软并能折叠的特性，变为坚厚的纤维组织，当黄韧带过度增厚时，该处神经根极易受到压迫。当黄韧带弹性降低或骨化形成、椎间盘高度降低时，后伸位时黄韧带可能发生皱褶突出，造成脊髓后方受压。Gu 等通过尸体研究证实，随着颈椎后伸角度增大，黄韧带突出程度呈“S”形加重。Sayit 等通过直立位动态 MRI 检查，测量了 257 例有颈痛症状患者在不同体位下的黄韧带厚度，同样发现黄韧带后伸位时增厚，前屈位时变薄。

后纵韧带和黄韧带属于椎管内的韧带，其厚度和病变影响椎管的容积。

4. 棘上韧带　棘上韧带呈连续的细索状突起，是一条连接棘突的韧带。上端起于颈 7 棘突，下端至骶中嵴，为纵行胶原纤维组成。由第 7 颈椎棘突向上，棘上韧带移行为项韧带。人类项韧带的弹性远较四足动物为小，属于退化结构，支持项部肌肉的作用也较小。

5. 交叉韧带　复合体横部即寰椎横韧带，起自寰椎前弓内面两侧的小结节，横过齿状突的后方，是防止寰椎前脱位的最重要结构。

此外，还有棘间韧带、横突间韧带等。

（二）椎间盘

椎间盘即椎间纤维软骨，除第1、2颈椎之间外其他椎体之间均有椎间盘，成人共有23个椎间盘。

椎间盘的形态和构造

椎间盘由上下软骨终板、纤维环和髓核构成，是椎体间强有力的连接结构，具有维持脊柱高度、活动度及吸收震荡等功能（图1-13）。

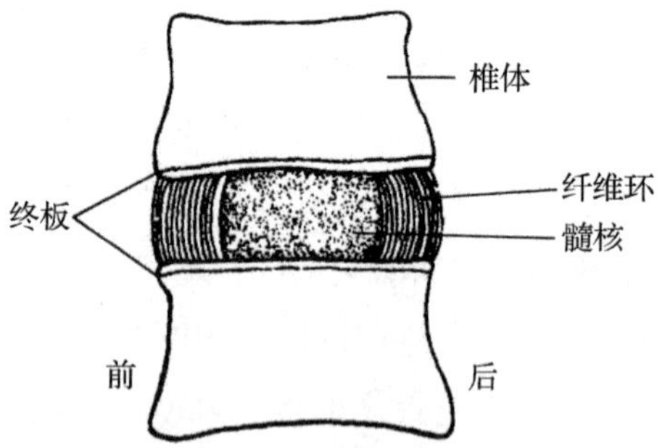


**图1-13　椎间盘**

（1）软骨终板：软骨板即椎体的上下软骨面，形成髓核的上下界，与相邻椎体分开。软骨终板大小和形态与上下相连的椎体相当。软骨终板可以承力，防止椎骨受压，只要软骨终板保持完整，椎体就不会因压力发生吸收。一般认为，成年人的椎间盘是一个无血管的组织，其营养代谢的途径主要是软骨终板的渗透弥散和外层纤维环的血管滋养等。成年人椎间盘的营养来源于两个系统：纤维环周围的血管丛和邻近椎体骨和椎间盘面的透明软骨的血管。这两个系统的血管均不能分支到椎间盘的内部，椎间盘的营养物质是靠弥散作用转运的，经软骨板的弥散能力自间盘中央向外周逐渐递减。软骨终板具有半渗透膜功能，在渗透压下，水分可以扩散至无血管的椎间盘。软骨板与骨松质密切相连，无骨密质相隔，椎体的骨松质有丰富的血供，压力改变使椎体的液体流出流进，从而使营养经软骨板渗透到髓核。椎间盘的弹性及张力取决于软骨板的通透性和髓核的渗透性。因此，有人认为终板硬化影响椎间盘的营养是椎间盘退变的主要原因。

(2) 纤维环：是由同心圆纤维板层组成的结构，由坚硬的致密胶原纤维和纤维软骨组成，围绕髓核。它是椎间盘维持负重的最主要组织，位于椎间盘的外层，与上下软骨板和脊柱前、后纵韧带紧密相连。在横断面上，各纤维板层呈同心圆排列，组成每一板层的纤维走向相对于脊柱的纵轴线是斜形的，成角约 65°，相邻板层之间纤维走向交叉，相邻两层借粘合物质相连。连接物质亦较少，最内层纤维与髓核的细胞间基质相融合，无明显界限。纤维环的前部及外侧部较后部约宽 1 倍，后部较窄，层次少。在椎间盘的前 1/3，纤维束最强。因此，受暴力时容易在较薄弱的后方破裂，尤其是侧后方，因正后方有后纵韧带的中央束加强。纤维环破裂是椎间盘突出的主要原因。纤维环相邻纤维层的交叉排列，可能与髓核对其所施内压有关。纤维环很坚固，紧密附着于软骨终板上，连接相邻椎体，使脊柱在运动时成为一个整体，保持脊柱的稳定性，在极大拉力下造成纤维环广泛撕裂时才能引起椎体间脱位。纤维环的特殊排列方面，使相邻椎体间可以有轻度活动，当运动达到一定限度时，纤维环紧张，又起到节制韧带的作用，限制旋转运动。

(3) 髓核：髓核是一种富有弹韧性的、半流体的胶状物质，是胚胎时期脊索组织的残留，其含有 85%的水分及退化的脊索残余。髓核占椎间盘切面的 50%～60%，一般位于纤维环的中部偏后，但颈椎间盘的髓核多在中部稍前。髓椎的主要化学成分为蛋白多糖和Ⅱ型胶原。蛋白多糖是椎间盘液压特性的主要物质基础，因为它能吸收和保留大量水分。各种原因所致的蛋白多糖减少使得该种能力下降，则会减弱髓核对纤维环的这种支持作用。如果这种功能丧失，椎间盘就不再能抵抗压力负荷，在日常负荷作用下逐渐压缩，椎间隙狭窄。在髓核的中央，纤维的排列无规律，而靠近软骨板的纤维走向比较恒定，它们以一定角度附着在软骨上，从而使髓核附着其上。髓核内无血管成分，但在胶原纤维网络中悬浮着相当多的细胞，类似于典型的网质细胞，也有散在的软骨细胞，说明髓核是一个活的组织。髓核的形状由周围的纤维环和上下软骨板所固定，但可随外界的压力改变其位置及形状。在儿童，髓核的结构和纤维环明显划分，而老年人由于髓核的纤维变粗，两者的区别并不明显。在不同年龄，髓核的密度有所不同，随年龄而增大。

椎间盘作为一个独特的结构，具有非常重要的功能。一方面，椎间盘保证椎间的相对稳定性，保持椎管的完整；另一方面椎间盘的有限运动使脊柱作为一个整体具有独特的多向运动性。椎间盘是一种代谢活跃的组织，具有可塑性。椎间盘的特性使它能缓冲震荡，它的形态特征是构成脊柱的生理曲度的要素。

### （三）椎骨之间关节

椎体间关节和关节突关节组成三关节复合体。椎体间关节属于微动关节，由椎间盘连接。关节突关节属于半球窝关节，表面有软骨，关节腔内有滑膜，是真正的关节。在一个脊柱运动单位内，三关节复合体中三个关节的运动是相耦合的，其中一个关节的运动异常必然导致另外两个关节的异常运动。

#### 1. 椎间关节（关节突间关节）

椎间关节由上下相邻关节突的关节面构成。椎间关节构成椎间管的后界，由脊神经后内侧支所发出的关节支支配。颈椎的关节突关节面向上呈约 45°倾斜，上腰椎近似矢状位，腰骶部近似冠状位。颈椎间关节关节囊较为松弛，外伤时容易引起半脱位。

2. 寰枕关节

寰枕关节由寰椎侧块上面的关节面和枕骨髁构成，是左、右侧两个关节的联合关节，属于椭圆状单纯滑膜关节，有一松弛的关节囊，借寰枕前、后膜加强稳定，两膜正好将寰椎和枕骨间的裂隙封闭。寰枕前膜宽而致密，张于寰椎前弓上缘和枕骨大孔前缘之间，正中线有一自枕骨底部至寰椎前结节的圆形韧带所加强，和前纵韧带的上端愈合。寰枕后膜张于寰椎后弓上缘和枕骨大孔后缘之间，椎动脉由此穿过入颅，第1颈神经由此穿出。寰枕后膜远侧部分可以钙化，在椎动脉及第1颈神经的后方形成一个骨弓。黄韧带连接寰椎后弓的内面及枢椎椎板的上缘，可防止头和寰椎在枢椎上向前移位，对脊髓起保护作用。它有两个互相垂直的运动轴，在横轴上可以做头的屈伸运动，幅度约为45°，在矢状轴上可以做侧屈运动，但范围很小。维持寰枢关节稳定的韧带位于枢椎和枕骨间，非常坚强，能防止寰枕关节移位。

3. 寰枢关节

寰枢椎之间有两个车轴关节及两个磨动关节，前者即齿状突前、后关节，分别由寰椎前弓后面与齿突前面之间及寰椎横韧带前面与齿突后面构成；后者即两侧的寰枢外侧关节。寰椎侧块的下关节面凹进，枢椎的上关节面凸出，这种结构可使寰枢椎之间做最大旋转。寰枢外侧关节的关节囊及周围韧带松弛，允许在一定限度内有最大范围的运动。

维持寰枢关节稳定的结构有：关节囊、寰枢前膜、后膜、覆膜、寰椎十字韧带、齿突尖韧带及翼状韧带。覆膜广阔而坚韧，为后纵韧带向上的延续，呈扇形，附着于枢椎椎体后面。寰椎十字韧带分横部与直部，横部即寰椎横韧带，很坚强，张于寰椎两侧块内侧缘及寰椎前弓后面的齿突凹小结节之间，使齿突与寰椎前弓后面的齿突凹相接，可防止齿突向后朝脊髓方向移动；直部即纵束，可分为上、下纵束，上纵束附着于枕骨大孔前缘，位于齿突尖韧带之后，下纵束附着于枢椎体后面的中部，纵束加强横韧带的稳定性。枢椎齿突骨折后，如寰椎横韧带完整，齿突保持原位，不会引起严重症状，但如无其他韧带支持，不能防止寰椎前部位。如寰椎横韧带松弛、减弱或断裂，头及寰椎能在枢椎上向前脱位，结果齿突后移，椎孔狭窄，能使脊髓遭受压迫，甚至引起死亡。翼状韧带是两个坚强的韧带，由齿突的上外侧面行向上，止于两侧枕骨髁的内面，断面呈圆形，是重度的节制韧带，能限制头及寰椎在枢椎上过度旋转及侧方半脱位。

上述韧带构成寰枢韧带复合，分为主要及次要两个组成部分，主要部分为寰椎横韧带，是一个坚强的无弹性纤维，使齿突局限于寰椎前弓后面的齿突凹内。次要部分为翼状韧带，有足够的强度，可以防止寰椎向前移位，是防止寰、枢椎向前方半脱位的第二道防线。翼状韧带能限制头部旋转。生物力学研究发现：在大多数人，寰椎横韧带保持完整，在负荷下寰椎在枢椎上的移位不超过 3 mm。如果寰椎横韧带断裂，作为辅助结构的翼状韧带虽然也较坚强，但不能防止寰枢关节脱位。

在颈部活动时，齿突成为寰枢关节的中轴，可完成三维空间 6 个方向的运动。寰枢关节作为一个车轴关节，该轴垂直通过齿突，寰椎与颅骨作为一个整体在此轴上向左右旋转，每侧均为 40°，过度旋转受翼状韧带限制。寰枢关节形态特殊，结构复杂，在发育上也较复杂，可出现以下异常：齿突不边、齿突发育不全、齿突枕骨相连、寰椎枕化，这些异常由于结构不稳固，或由于邻近椎骨的代偿性过度活动，常继发颈椎自发性脱位，容易引起纠纷，在司法鉴定中应予以重视。

4. 钩椎关节

钩椎关节由颈椎侧后方的钩突与上位椎体下面侧方的斜坡形成。钩突最初呈水平方向,7 岁以后变为垂直,下部颈椎钩突向侧方的斜度较大,因而使椎间孔变小。钩椎关节增生是颈椎退变的常见表现,严重钩椎关节增生可导致椎间孔狭窄,压迫神经根。

5. 腰骶关节

腰骶关节由第 5 腰椎体与骶骨底以及第 5 腰椎两侧下关节突与第 1 骶椎上关节突的关节面构成,与其他椎间关节相同,也具有关节腔和关节囊,关节面上也覆盖有透明软骨,只是关节面方向较腰椎的关节面倾斜,近似额状位,可以防止第 5 腰椎在骶骨上向前滑动。腰骶椎间盘较其他腰椎间盘为厚,尤其前侧较后侧厚,以加大腰椎前凸。

6. 骶尾关节

腰骶关节由骶骨尖和尾骨基底构成,属微动关节,椎间盘甚薄,前后较侧部为厚,其周围有韧带加强。骶尾关节有轻微的屈伸运动,肛提肌收缩时,使这个关节略微前屈,增大肛门直肠交接处的屈曲度,以控制大便的排出。肛提肌松弛时则微微后伸,有助于大便的排出。

## 四、脊柱的肌肉、筋膜及血管

1. 脊柱的肌肉

脊柱周围肌肉可发动和控制脊柱运动,增强脊柱的稳定性和承受作用于躯干的外力。脊柱周围肌肉分为两大组:一组直接起于脊柱骨骼并作用于脊柱,包括椎旁肌和椎骨侧方肌。椎旁肌又分为腰背部浅层肌和深层肌,浅层肌包括第一层斜方肌、背阔肌,第二层肩胛提肌、菱形肌,第三层上、下后锯肌等;深层肌包括第一层夹肌和竖脊肌,第二层横突棘肌,包括半棘肌、多裂肌和回旋肌,第三层为节段性小肌,有横突间肌和棘间肌。椎骨侧方肌包括腰大肌、腰方肌，腰大肌和髂肌合成髂腰肌，是一个强有力的屈髋肌，如果下肢固定，则可使脊柱前屈；一侧腰大肌瘫痪，可使腰段脊柱发生侧凸，两侧同时瘫痪，则可使腰段脊柱发生后凸。覆盖髂肌和腰大肌前面的筋膜称为髂腰肌筋膜，髂腰肌引起髂腰肌筋膜下血肿，可致股神经麻痹。腰椎结核引起腰大肌脓肿更常见。另一组起止于脊柱以外的骨骼，间接作用于脊柱，包括胸、腰肌。腹直肌能屈曲腰部，对维持正常腰椎生理屈度有重要作用。两侧腹内、外斜肌共同收缩，可使腰部屈曲，一侧收缩能协助脊柱侧屈。

2. 脊柱的筋膜

胸腰筋膜为坚韧的纤维膜，可保持腰背伸肌群的位置和体积，以利于肌群收缩。

3. 血管

(1) 动脉：脊柱营养由与它紧密相邻的节段性动脉供给，这些动脉主要来自椎动脉、肋间动脉、腰动脉及骶外侧动脉，分支一般经椎体前外侧面进入邻近脊椎骨内，并分布到椎弓、横突、关节突及棘突，彼此相互吻合成网。从肋间后动脉后支发出的背支，经椎间孔进入椎管并与邻近同名动脉吻合，发出滋养动脉经椎体背外侧面进入脊椎骨。

(2) 静脉：脊椎静脉系统分椎外静脉丛和椎内静脉丛，这些静脉管壁较薄，没有瓣膜，能自由吻合，并双向流动。椎外静脉丛位于椎管以外，分为前丛和后丛，在颈部更为发大。椎外前静脉丛位于椎体的前面，接受椎体来的属支。椎外后静脉丛位于椎板后面，围绕棘突、关节突和横突，与椎内静脉丛互相吻合，并终止于椎静脉、肋间后静脉和腰静脉。椎内静脉丛位于椎管的硬膜外腔内，接受椎骨和脊髓的静脉，形成比椎外静脉更粗的静脉网。

## 五、脊髓和脊神经根

脊髓位于椎管内，由内向外依次为软脊膜、蛛网膜、硬脊膜所包绕。脊神经根连于脊髓，组成 31 对脊神经，经相应的椎间孔走出椎管，分布于全身大部分结构。

### （一）脊髓

脊髓为前后扁的圆柱形长条，由灰质和白质组成（图 1 - 14）。脊髓上端较大，与延髓相续；下端变尖，成为脊髓圆锥。脊髓与延髓交界处位于第 1 颈神经根上缘平面或寰椎后弓上缘平面。脊髓圆锥的尖端移行为终丝。脊髓下端的位置变动在第 12 胸椎到第 3 腰椎，以第 1 腰椎体平面多见。

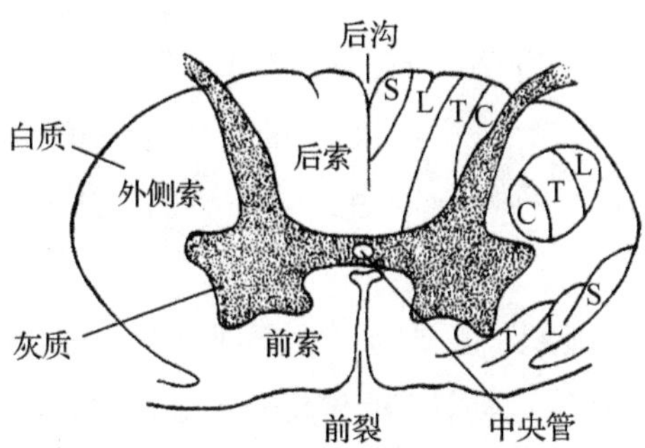


**图 1 - 14　脊髓横切面**

脊髓全长粗细不等，有两个膨大，即颈膨大和腰骶膨大，各与相应上肢和下肢的神经相连。

脊髓表面有一些纵形的沟裂，前正中裂最深（平均 3 mm），后正中沟较浅。后正中沟外侧有脊神经后根丝附着的是后外侧沟，前正中裂外侧有脊神经前根丝附着的是前外侧沟。在脊髓颈段和胸段上部，在后正中沟和后外侧沟之间有一后中间沟，为脊髓内部薄束和楔束的表面分界。与脊髓前外侧沟和后外侧沟相连的脊神经前根和后根根丝，组成31对脊神经前根和后根，从相应的椎间孔穿出。腰、骶、尾部的神经根在穿出的椎间孔之前有一长段在椎管内通行，它们围绕终丝形成马尾。在脊髓颈段上部外侧，前后根丝之间，还发出一列根丝，联合形成副神经脊根，在脊髓两侧上行，穿枕骨大孔入颅。

从脊髓圆锥尖端延续成束的终丝，大部分为软脊膜围绕神经胶质组成，向下约在第2骶椎下缘平面穿过脊髓蛛网膜囊和硬脊膜囊的下端，然后被硬膜鞘紧密包绕，在骶管内呈扇形放散，末端附着第1尾椎背面。在硬脊膜囊以内的终丝称为内终丝，穿出硬脊膜囊之外的终丝为外终丝。

脊髓横切面上，可见中间有“H”形呈灰色的区域称为灰质，周围的白色区域称为白质。灰质中央有一小孔，为中央管，贯穿脊髓全长，上与第四脑室相通。脊髓灰质向后突出的部分称后角，较细小；向前突出的部分称前角，较大。两者之间的区域为中间带。胸1至腰3中间带向外突出的部分称侧角。中央管前后的灰质分别称为灰质前连合、灰质后连合。

灰质由神经元胞体（主要的）、突起、神经胶质和血管等组成。前角内含有大小不等的运动神经元，其轴突穿出脊髓构成脊神经前根，通过脊神经分布于骨骼肌。侧角内有交感神经的节前细胞，骶段前角的根部有副交感神经的节前细胞，它们的轴突也经前根穿出脊髓。后角和中间带内有大量中间神经元（前角内也有中间神经元），它们主要接受后根纤维的传入冲动和白质中下行束纤维传来的冲动，发出的轴突主要终于运动神经元和束细胞。束细胞也是中间神经元，主要位于后柱和中间带，发出的轴突构成白质前外侧索中的上行束。灰质内功能不同的神经细胞在一定部位集结成团，称神经核，各有专名。

白质由神经纤维（主要的）、神经胶质细胞和血管组成。依它们所在部位可分为后索、外侧索和前索。后索位于后正中沟与后外侧沟之间，主要由脊神经后根来的上行纤维组成薄束和楔束，传导深感觉和皮肤的精细触觉。薄束源自第5胸节以下的脊神经节细胞的中枢突，楔束源自第4胸节以下的脊神经节细胞的中枢突，上行至延髓分别止于薄束核和楔束核。薄束和楔束在后索中定位规律明确：薄束位于内侧，见于脊髓后索的全长（胸5以下占据整个后索），楔束位于外侧（仅见于胸4以上）。在胸4以上的后索，由内向外依次由来自骶、腰、胸、颈段的纤维排列而成。后索病变，造成同侧精细触觉及深感觉减退或消失。外侧索在后外侧沟与前外侧沟之间，前索在前外侧沟与前正中裂之间。由于前外侧沟不很明显，距灰质前柱较远，所以前索与外侧索不易明确区分，因而有人将它们统称为前外侧索。前外侧索含有上行束和下行束，各束有其一定的功能和起止，常集中在一定部位而有专名，有的有一定的局部定位关系。但各束纤维也有不同程度的混杂和重叠，并不都能截然分开。

前外侧索中的下行束有：① 皮质脊髓束，与皮质核束组成锥体束，是最大而重要的下行束。皮质脊髓束纤维趋于大脑皮质，在锥体下端，约90%的下行纤维交叉到对侧形成锥体交叉，交叉后的纤维在对侧脊髓外侧索的后部形成皮质脊髓侧束，位于脊髓小脑后束和固有束之间；约10%的不交叉纤维行于前索的最内侧，形成皮质脊髓前束，该束仅在中胸部以上。皮质脊髓侧束占锥体束纤维的75%～90%，沿路有纤维终于灰质，所以向下逐渐变小。皮肤脊髓侧束由外向内依次为骶、腰、胸、颈，支配四肢肌和躯干。皮质脊髓前束在下行过程中，大部分纤维经白质前连合逐节交叉到对侧，一小部分不交叉纤维止于同侧，主要支配躯干肌。因此，四肢肌受对侧大脑半球支配，而躯干肌受双侧大脑半球的支配。② 红核脊髓束，起于中脑红核，发出纤维交叉后行于脊髓外侧索，止于灰质的中间神经元，主要调控屈肌的肌张力，与皮质脊髓束一起对肢体远端的肌肉运动调控起重要作用。③ 前庭脊髓束，起源于前庭神经外侧核，发出纤维在同侧前索下行，止于灰质中间神经元，主要调控伸肌肌张力，在身体平衡的调控方面起重要作用。④ 顶盖脊髓束，起于中脑上丘，发出纤维交叉并下行，在脊髓行于前索（仅达颈髓），止于上颈髓灰质的中间神经元，主要调控颈肌的活动，以完成视听反射，如突然的光或声音刺激而引起转颈。⑤ 网状脊髓束，起于延髓和脑桥的网状结构，发出纤维组成延髓网状脊髓束，主要行于同侧外侧索和脑桥网状脊髓束，止于脊髓中间神经元，主要调控肌张力。⑥ 内侧纵束，主要来自前庭神经核群，发出纤维行于前正中裂底的两侧（仅达颈髓），止于脊髓的是中间神经元，完成头颈姿势的反射性调节。

前外侧索中的上行束有：① 脊髓小脑后束和脊髓小脑前束，分别位于脊髓外侧索周边部的后部及前部。脊髓小脑后束主要起自脊髓颈 8 至腰 3 的背核，主要在同行上行并经小脑下脚止于旧小脑皮质。脊髓小脑前束主要交叉至对侧上行并经小脑上脚止于旧小脑皮质。这两束均传导下肢的本体感觉，其中脊髓小脑后束调节下肢个别肌肉的运动和姿势，脊髓小脑前束协调下肢整体的运动和感觉。这两束损伤可引起下肢运动性共济失调、跟膝胫试验阳性。② 脊髓丘脑侧束和脊髓丘脑前束，它由对侧的束细胞发出纤维经白质前连合斜越上升 1～2 个脊髓节段，交叉到对侧的外侧索和前索上行（脊髓丘脑前束含有小部分不交叉的纤维），进入脑干后两束合并走行，又称丘脑系。脊髓丘脑束在脊髓有明确的定位关系，由外向内依次由来自骶、腰、胸和颈段的纤维组成。若一侧脊髓丘脑束的损伤，可出现对侧损伤面 1～2 节以下分布区域的痛、温觉的减退或消失。因传导触、压觉的脊髓丘脑前束为双侧投射，故不出现明显症状。

脊髓内部结构无节段区分，可借相应脊神经根丝的附着将其分为

31 个节段，即 8 个颈段、12 个胸段、5 个腰段、5 个骶段和 1 个尾段。各脊髓段的长度差异较大。在胚胎期，脊髓充满整个椎管长度，每对脊神经经水平向外走行。在脊柱生长的过程中，脊髓下端逐渐上移，到成人时脊髓下端一般终止于腰 1 椎体下缘。成人脊髓长度不到脊柱长度的 1/3，因此，脊髓节段的位置与其相同序数的椎骨不相对应，粗略归纳为：脊髓的颈上段约与相同序数的椎体相平，颈下段和胸上段与高一个序数的椎体相平，胸下段与高两个序数的椎体相平，全部腰段与第 11、12 胸椎体大致相对，骶尾段约与第 1 腰椎体相对。各脊神经根的纤维并不完全与相应脊髓段的灰质发生对应，因为前角运动神经元的轴突有的可向尾侧走行再穿出脊髓。许多后根纤维进入脊髓后，要上、下行一段距离后才进入后角，存在相当的重叠。在脊髓外面，邻近脊神经的根丝之间也有一些交通支相连。

正常人在屈伸活动时脊髓的形态大小、相对于椎管的位置也会有所改变。Kuwazawa 等对 20 名健康志愿者分别进行仰卧位和直立位的动态 MRI 检查，比较不同体位的颈脊髓长度，发现无论是仰卧位还是直立位，颈脊长度均为过屈位大于中立位，中立位大于过伸位，而仰卧位与直立位之间无明显差异。Endo 等对 62 例健康受试者进行卧位动态 MRI 检查，同样发现颈脊髓长度在过屈位最长，在过伸位最短。Kuwazawa 等比较了不同体位下椎间盘水平的脊髓横截面积以及脊髓矢状径，发现椎间盘水平的脊髓横截面积在任一节段均为过伸位大于中立位，中立位大于过屈位，而仰卧位和直立位之间无明显差异；脊髓矢状径同样是在任一节段均为过伸位大于中立位，中立位大于过屈位，且仰卧位和直立位之间同样无明显差异。Muhle 等对 40 名健康受试者进行动态 MRI 检查，发现与中立位相比较，过屈位时脊髓腹侧蛛网膜下腔变窄，背侧蛛网膜下腔增宽，脊髓变细；过伸位时，脊髓腹侧蛛网膜下腔增宽，背侧蛛网膜下腔变窄，脊髓增粗。这些研究结论均表明，过屈位时脊髓拉长变细，向前方滑动，而过伸位时脊髓缩短增粗，向后方滑动。

（二）脊神经根

脊神经根有31对，即颈8对、胸12对、腰5对、骶5对及尾1对。第1～7颈神经在相应椎骨的上缘穿出，第8对颈神经在第7颈椎下缘穿出，胸、腰、骶、尾神经都在相应椎骨下缘穿出。每一脊神经都由连于脊髓的前根和后根在椎间孔处联合而成。

脊神经的后根又称背根。每一后根的内侧端呈扇形分出6～8条根丝，沿后外侧沟进入脊髓。后根的外侧端紧靠两根联合处呈卵圆形膨大，称脊神经节。脊神经节主要由神经元细胞体集结而成，每一神经元发出一条短的突起，此突起很快即分成两支：一支为中央支，组成后根进入脊髓；另一支为周围支，随脊神经及其分支行向皮肤、肌肉、肌腱、关节、韧带和骨膜等处的感觉器。

脊神经的前根又称腹根，以不整齐的根丝从脊髓前外侧沟发出。脊神经的前根主要由传出纤维组成，其中大多为脊髓前角内$\alpha$运动神经元和$\gamma$运动神经元发出的躯体传出纤维，司骨骼肌的随意运动。在胸神经和第1、2腰神经的前根中含有从脊髓侧角交感神经节前细胞发出的交感节前纤维，第2、3、4骶神经的前根内有副交感节前纤维，这些纤维司内脏的活动。

脊神经前根和后根离开脊髓后，即横行或斜行穿过蛛网膜下隙，到达其相应的椎骨平面。在此，前、后根分别穿出蛛网膜囊和硬脊膜囊，然后行于硬膜外腔中。一般在相应椎间孔处，脊神经根的远侧，两根合成脊神经。脊神经根在硬膜蛛网膜囊以内的一段，可称为蛛网膜下腔段；穿出硬脊膜囊的一段，称为硬膜外段。脊神经根的硬膜外段较短较直，外面包有蛛网膜和硬脊膜延伸形成的鞘。硬膜鞘紧密连在椎间孔周围，借此固定硬脊膜囊，也保护鞘内的神经根不受牵拉，但此段在椎间孔处最易受压。

脊神经出椎间孔后立即分成 4 支：较细的分支为脊膜支和交通支；两个较为粗大的分支为前支和后支。脊膜支前支和后支均为躯体混合神经，前支汇合形成神经丛，从此开始为外周神经。

颈神经穿出椎间孔时，直接经过其穿出平面椎间盘的后外侧面，因颈神经由相应椎骨上方穿出，当颈神经因椎间盘突出而受压时，受压颈神经的序数比突出的椎间盘的序数多一位。腰椎间孔垂直径长，腰神经穿出时经过椎间盘上方椎体的后面，故椎间盘突出不会压迫同一平面穿出的神经。腰椎间盘向后外侧突出时，使硬膜外腔变窄，压迫硬膜内面下行靠外侧的脊神经根。如第 4、5 腰椎间的椎间盘突出，压迫的是第 5 腰神经或第 5 腰神经和第 1 骶神经；如突出较多，可以压迫更多的马尾神经。

### （三）脊髓的血液供应

#### 1. 脊髓的动脉

脊髓表面有三条纵行动脉：沿前正中裂走行的脊髓前正中动脉、沿后外侧沟走行的脊髓后外侧动脉，由颅内椎动脉和躯干部节段性动脉发出到脊髓的分支吻合而成。两侧椎动脉经枕骨大孔入颅后，各发出一支脊髓后动脉，向下延续为左、右脊髓后外侧动脉。两侧椎动脉在合成基底动脉前又各发出一支脊髓前动脉，两侧脊髓前动脉在延髓下端或脊髓上颈段的前方结合成单一的脊髓前正中动脉。

躯干部节段性动脉发出的背支经椎间孔进入椎骨，在椎间孔处分为三支：一支向前到椎体，一支向后到椎弓，中间的一支沿脊髓根行走称为根动脉。根动脉又分前根动脉和后根动脉，一般供应脊髓前根、后根和脊神经节的营养。部分前根动脉与脊髓前正中动脉吻合成为脊髓前支，部分根动脉与脊髓后外侧动脉吻合成为脊髓后支。

脊髓前正中动脉，由椎动脉发出的脊髓前动脉和节段性动脉脊支发出的脊髓前支吻合而成，沿脊髓前正中裂走行，分支交替进入两侧脊髓，分布于前柱、侧柱、中央灰质和后柱底部以及前外侧束的深部。脊髓后外侧动脉，由椎动脉发出的脊髓后动脉和节段性动脉脊支发出的脊髓后支吻合而成，在后外侧沟多围绕脊神经后神经根丝成丛状，发支供应脊髓后柱和后束。脊髓前正中动脉和脊髓后外侧动脉间有许多横形吻合动脉，称为冠动脉。冠动脉发支供应前外侧束的浅部。

2. 脊髓的静脉

脊髓表面有六条纵行静脉：位于前后正中裂的脊髓前、后正中静脉，两侧前、后外侧沟的脊髓前、后外侧静脉。这些静脉有许多交通支相互连接，并有分支穿过硬膜连于椎内静脉丛。椎内静脉丛有分支与椎外静脉丛广泛交通。

3. 脊髓的血管畸形

脊髓血管畸形源于血管先天性发育异常，可分为动脉畸形、静脉畸形、海绵状血管瘤和毛细血管扩张等。一般以前两型多见。畸形血管可发生在硬脊膜外、蛛网膜下隙内、脊髓表面或脊髓内部，根据其与脊髓解剖关系分为髓外型、髓内型和混合型。髓外型一般由脊髓后外侧动脉供血，位于脊髓背面。髓内型可由脊髓后外侧动脉、脊髓前正中动脉或两者联合供血。混合型畸形血管一部分在脊髓外、一部分在脊髓内，脊髓内外可有血管交通。

畸形血管可引起血液循环紊乱、血栓形成或蛛网膜下腔出血，影响脊髓功能，产生一定的症状。

(四) 脊髓的发育和畸形

1. 脊髓的发育

人胚发育第 3 周时，胚体背侧正中线外胚层增厚形成神经板，因边缘生长速度大于中央，便下陷形成沟，沟的两缘隆起称为褶，神经沟不断加深，神经褶不断增厚，最后在背侧结合形成神经管。神经管的闭合始于将来的颈区，从此向头、尾侧伸展，头侧发育成脑，尾侧部分则成为脊髓，其中的管腔成为脑室和中央管。

2. 脊髓畸形

由于发育异常，脊髓可以出现各种畸形，常伴随脊柱裂而存在。如果椎板缺损合并局部囊突出，称为囊性脊柱裂。突出的内容可以是脊膜和脑脊液，称为脊膜膨出；也可包含脊髓和脊神经根，称为脊髓脊膜膨出。偶尔也因椎体缺陷而发生前脊柱裂，椎管内容突入腹部或盆部。

较少见脊髓畸形有：① 脊髓积水，表面为脊髓中央管的局部扩大；② 双脊髓，常在腰骶段一短距离脊髓成双，各有它自己的中央管，有共同的蛛网膜和硬膜围绕，有时可有骨性中隔插入两部分之间；③ 脊髓不全发育，缺少一些重要的束，最常见的是缺少锥体束；④ 小脊髓，脊髓特别短或某些平面直径特别小。

## 第三节　脊柱的曲度和运动

### 一、脊柱的曲度

脊柱从前后看，成一直线；从侧面看，有 4 个弯曲(图 1－15)，为脊柱的生理弯曲，是由于发育和生理上的需要而形成。在胚胎晚期和新生儿期，整个脊柱只有一个后凸曲度，呈虾状。婴儿开始坐位时，头逐渐抬起，颈段脊柱就形成一个前凸曲度，开始行走时，髋关节伸直，髂腰肌将腰脊柱向前拉，形成了腰前凸。根据以上发育过程，颈段和腰段脊柱前凸是继发的。身体为保持平衡，在这两个前凸曲度之间需要两个相反的曲度即胸段和骶尾段脊柱后凸，为保留下来的原有曲度，是原发的。这种继发曲度使躯干的重力在站立时更容易向下传达，减少肌肉负担。维持脊柱生理曲度的因素较多，主要为作用于脊柱并与姿势有关的肌肉，分为：(1) 脊柱肌。浅纵形肌群主要作用为后伸，其次为侧屈；深斜行及横行肌群主要作用为旋转，其次为侧屈。(2) 脊柱外肌。腹肌、腹方肌、腰大肌、肋间肌、菱形肌、斜方肌及背阔肌与姿势维持有关，当脊柱肌软弱或瘫痪时，脊柱外肌将对姿势维持起重要作用。脊柱的生理弯曲能缓冲震荡，扩大躯干的重心基底面积，加强直立姿势的稳定性。

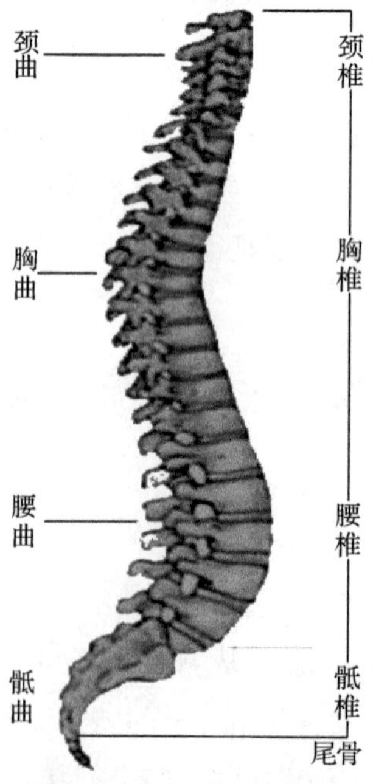


**图 1－15　脊柱的曲度**

## 二、脊柱的运动

脊柱任何两个相邻椎体间的活动范围都很小，但脊柱总的活动范围很大。脊柱可沿三个轴运动，即最灵活的冠状轴的屈伸运动、矢状轴的侧屈运动和纵轴的旋转运动。在运动过程中，椎间盘可以减少冲击和震荡，构成坚固而又富于弹性的连接体，椎间盘越厚，脊柱的运动越大。椎间关节可抑制各个方向的过度运动。黄韧带、棘间韧带、棘上韧带和后纵韧带在脊柱前屈时紧张，借助其弹性也可使脊柱伸直。前纵韧带可以防止过伸。横突间韧带可以限制过度的侧方运动。

寰枕之间的椭圆形关节和寰枢之间的枢轴关节联合产生三轴运动，成为一个“球与凹”型的关节，并因有翼状韧带和十字韧带加强，显得特别坚固。头的旋转运动为寰椎连同头骨在枢椎齿突上的运动。

颈椎的运动为前屈、后伸、左右侧屈和旋转运动。屈伸运动主要由寰枕关节发生，旋转运动则主要在寰枢关节，占整个颈椎旋转运动的一半。

旋转运动主要发生于胸椎，其冠状位的关节突小面有利于旋转，伴随运动的有肋骨和胸骨。站立时，这种旋转运动同时伴随有骨盆对下肢的旋转运动。坐位时，可单独发生。

腰椎运动有前屈、后伸和侧屈运动。前屈时，棘突间的距离加大。腰部因椎间关节面的方向和旋转运动的方向成直角，使旋转很受限制。腰椎由下往上，活动度逐渐减小。在腰段脊柱，椎间盘的总厚度几乎占整个腰段脊柱长度的 1/3～1/2，而腰椎及其椎间盘约占脊柱可活动部(即除骶骨以外)的 1/3。运动时，椎间盘的髓核可能起支点作用。髓核系半流体性，运动时可以发生改变，后伸时运动轴前移，前屈时则后移。腰椎前屈或后伸时，脊髓及马尾神经根活动自如，离枕骨大孔越远，相对运动越大。马尾神经根在脊膜囊内很松弛，有相当的伸缩性，即使脊柱极度前屈，神经根也不至于紧张。

# 第二章 脊柱生物力学与运动学

人体脊柱的基本生物力学功能是承载、运动、保护功能。脊柱承载能力和运动功能的变化，同脊柱退变和病变之间存在互为因果的关系。脊柱生物力学与运动学运用工程的方法定量研究人体脊柱的受力和运动以及脊柱结构与功能之间的关系。

## 第一节 力学的基本知识

### 一、概述

力学研究的基本内容为力、变形以及两者之间关系三个基本方面。力学理论的核心是力与变形之间内在物理联系的本构关系。材料的本构关系非常复杂，最简单的本构关系如描述弹性体本构的胡克定律。

力学研究的方法归结为实验、理论和数值模拟三个方面。实验是力学研究的基本方法，研究者通过实验直接测量，可以收集基本的力学信息与数据。对于生物力学实验，根据实际情况，可以采用活体在体实验，也可以采用离体标本实验。理论模型是在观察和实验的基础上，利用数学与物理知识建立本构模型。在生物固体力学中，常用的数值模拟方法为有限元分析。有限元方法是将连续的材料离散为有限的单元，对每个单元近似求解，并通过一系列求解条件总装求解。一般来说，离散单元越小，所求解越接近真实解。

## 二、力学的基本术语

力学术语包括力、力矩、位移、应力、应变、弹性模量、屈服点、疲劳、蠕变、松弛等。

力、力矩、位移是描述物体相互作用和相对移动的最基本的力学概念。

应力（常用 σ 表示）和应变（常用 ε 表示）是材料力学分析中最常使用的力学量。应力反映的是物体单位面积所受的内力。应变反映物体某一点处变形的程度。

弹性模量是反映材料在弹性阶段的重要力学指标。弹性是指加载变形的材料在卸载之后能够回复到末加载时的状态。弹性阶段在力学实验结果中表现为应力与应变曲线的线性部分。弹性模量 $E=\sigma/\varepsilon$，就是该线性部分的斜率。

屈服点是大多数固体材料在经过弹性阶段后进入非线性的塑性阶段的转折点。屈服点应力称为屈服强度。最高强度是指在整个加载过程中，材料所受到的最大应力。

疲劳是指很多材料在长时间反复受力的情况下，在远低于材料最大强度的应力条件下失效。疲劳过程实际上是材料内部微损伤累积为裂纹，并扩展失效的过程。

骨骼等生物体内的组织材料大多具有黏弹性。蠕变和松弛是黏弹性材料特有的力学行为。蠕变是指在固定温度和应力下，材料的变形随时间增加而变化的现象。松弛是指在固定温度和应力下，材料的应力随时间增加而变化的现象。

## 第二节 脊柱生物力学

脊柱是人体的中轴骨骼，具有支持躯干、减缓震动、保护内脏、保护脊髓和进行运动的功能。脊柱上端承托头颅，胸部与肋骨结成胸廓，上肢借助肱骨、锁骨、胸骨以及肌肉与脊柱相连，下肢借助骨盆与脊柱相连。上下肢的各种运动均通过脊柱调节，保持身体平衡。脊柱的四个生理弯曲，使脊柱像弹簧一样增加缓冲震荡的能力，增强姿势的稳定。椎间盘也可吸收震荡，在剧烈运动或跳跃时，可防止颅骨、大脑受损伤。脊柱与肋骨、胸骨和髋骨分别组成胸廓和骨盆，对保护胸腔和盆腔脏器起到重要作用。椎体、椎间盘及前后纵韧带主要提供脊柱的支持功能以及吸收对脊柱的冲击能量，而运动主要依靠椎间关节复合体来完成。躯干肌及韧带也提供脊柱的稳定性以及维持身体姿势。正常脊柱的功能必须依靠脊柱结构、稳定性、柔韧性之间的相互作用以及肌肉的强度和耐力。

### 一、脊柱的负荷

人体脊柱每天都受到很大的压缩载荷，不同的体位、体重及肌肉韧带的承载能力造成不同的脊柱内压缩载荷。研究表明，人体腰椎在俯卧和平躺时承受的压力为200～300 N，放松站立并躯干呈30°倾角时，压力高达1 400 N，静止站立手持重物时，压缩载荷显著增加，当动态提升重物时，腰椎所受压缩载荷则进一步增加。在放松直立位时，椎间盘压力来自于间盘内压、被测部位以上的体重和作用在该运动节段肌肉活动应力等。躯干屈曲时压应力和拉应力均增加，旋转运动时又增加了扭转载荷，使椎间盘的应力进一步增加。在放松而无支撑的坐位时，腰椎所承受的载荷比放松直立位时还要大。有支撑坐位时，由于上部身体的重量有一部分由靠背支持，故腰椎上的载荷小于无支撑坐位时。仰卧位时，因没有体重产生的载荷，脊柱承受量最小。仰卧位膝伸直时，腰肌对脊柱的拉力可以在腰椎上产生一些载荷。在髋和膝关节有支撑下屈曲时，由于腰肌放松使腰椎前凸变直，载荷减小，牵引下载荷可以进一步减小。由于颈部肌肉需要保证头部于中轴平衡位置，所以颈椎所受的压缩预载荷将近头重的 3 倍。当身体处于屈伸及其他日常活动时，压缩载荷随之增加，对于正常个体，不会给脊柱带来巨大损伤或引起失稳，但随着年龄增加，压缩载荷会加速脊柱的损伤与退变。研究表明，在老年人群中，压缩过载很容易导致椎体前部附件的坍塌，从而造成楔形骨折。

在运动期间，脊柱不仅要承受上位体重及肌肉活动所产生的负荷，还要承受作用于人体额外的频繁的负荷。脊柱长时间受到相当大的反复作用的机械负荷，必然造成脊柱生理功能的下降，还可能导致一个或多个生物结构微观和宏观的解剖结构损伤，如脊柱退变、骨折和椎间盘突出等。

## 二、椎间盘压力及测量方法

脊柱的压力最终会影响到椎间盘内压，椎间盘内压过度是腰背疼痛的诱导因素之一。椎间盘的压力载荷一般相当于其上方体重的 2～3 倍，坐位休息时腰椎间盘内压为 1～1.5 MPa，站立时减少 30%，侧卧位时减少 50%，仰卧松弛时可减少 80%～90%。人跳跃时椎间盘受压力是静止时的 2 倍，即将近体重的 6 倍。脊柱不同姿势及不同外载情况下的受力分析和椎间盘内压的定量测量，有助于预防和治疗脊柱疾病。

椎间盘内压测量方法是过去30年间逐步发展起来的，最早用于测量椎间压强的传感器是聚乙烯包裹的探针，探针尖部填充着液体，但包裹探针的聚乙烯薄膜对动态测量精度较差，后发展为液体填充的探针被压阻半导体应变片取代，较大地提高了传感器精度。德国的Wilke等传感器植入体内，利用遥感技术测量椎间盘压力，对获得日常活动中内压的数值是有显著优势的。应力轮廓测定法是McNally和Adams将附着于针头的应变传感器沿矢状面或冠状面的中线慢慢径直穿过椎间盘，测量轴向载荷作用下髓核和纤维环的内压，也对前屈、后伸及侧弯情况进行测量。Steffen等利用3个探针测量椎间盘内压，将探针置入椎间盘前部、左后侧及右后侧，可以测量轴向和扭转复合加载的压强分布。

## 三、脊柱组织的力学性能

### （一）椎体骨

由于人体直立的特点，轴向载荷是脊椎承受载荷的主要类型。椎体骨承担绝大部分轴向静载荷。椎体骨由外层致密皮质骨和大部分中间松质骨组成。正常的椎体松质骨中，骨质体分比为15%～18%。松质骨的强度和弹性模量等力学性能直接受到体分比的影响，椎体强度的变化通常为体分比变化的两倍。人体椎体松质骨的骨质体分比随年龄的增加而降低。椎体中松质骨骨质体分比降低到一定程度时，即为骨质疏松。骨密度随骨质疏松逐渐降低时，外部皮质骨承担的载荷逐渐增加。皮质骨在40岁以前分担椎体骨所受压缩载荷的45%，在40岁之后增加到65%，松质骨下降到35%。在严重骨质疏松情况下，椎体骨密度会剧烈下降，甚至降到原骨密度的1/3。所以，在骨质疏松情况下，椎体骨整体承载能力会迅速降低。不同部位的松质骨的骨强度在初期无明显差异，随着骨质逐渐流失，部位间差异逐渐显现。脊柱松质骨的强度为前方高、后方低，内侧高、外侧低。根据终板的骨质特点，轴向载荷比较均匀地分布于松质骨的横截面，终板骨质最坚强的部分是外围的骺环，使得该区域特别适于承受轴向载荷。

(二) 椎间盘

椎间盘亦称椎间关节，是位于椎体之间的一层弹性软组织垫，自第 2 颈椎至第 1 骶椎，共有 23 个，约占脊柱全长的 1/4。依脊柱不同节段的功能不同，其厚薄差异较大，以腰椎间盘最厚，约占椎体高度的 1/3～1/4，胸椎间盘最薄，约占椎体高度的 1/5。颈、腰椎间盘的前部厚，后部薄，胸段椎间盘则相反。椎间盘由软骨板、纤维环和髓核三部分构成，同结构、不同位置、不同形态构成一个既独立存在又统一谐调的功能整体。椎间盘是构成脊柱的重要组织，起着连接上、下椎体而又能使其在一定范围内伸屈和旋转、缓冲由上体传来的压力和下肢传来的震力、维持脊柱的生理高度和屈度等重要功能。在椎间盘的整体功能中，各种成分又具有不同的功能及特性。

终板由一层致密的松质骨和一层透明软骨组成。椎体骨中的血管沿着终板分布，成为椎间盘细胞的主要营养供给源。一部分血管在外围伸至纤维环，但没有穿过间盘，因此，健康人的椎间盘是人体最大的无血管器官。软骨终板随着年龄增加而逐渐钙化，终板钙化阻碍了营养的输送，从而导致间盘随着年龄增大而逐步退化。椎体终板起着对抗压力以及均匀分布压力的作用。终板骨折因导致因素不同分为三种类型：中心型、边缘型和整体型。一般终板中心应力较高，最易骨折，呈中心型骨折。椎间盘退变时，髓核不能产生足够液压，压缩载荷由终板四周承担，终板破坏呈边缘型。当受到极大压缩载荷时，终板破坏呈整体骨折型。终板一旦破坏，会加速椎间盘其他组织功能的退化，还可能形成许莫氏结节（又名 schmorl 结节）。椎体的软骨板破裂，髓核经椎体的上下软骨板的发育性或后天性裂隙突入椎体松质骨内，造成椎体内出现半圆形缺损阴影，称为许莫氏结节。如果不合并向椎体后缘突出，临床可无神经根受压体征，但往往因许莫氏结节把椎体后缘翘起，刺激或压迫了神经根而引起症状、体征。

纤维环位于椎间盘的周缘部，由纤维软骨组成，在横切面上排列成同心环状。纤维环前部的模量总是大于纤维环后部，说明纤维环后部刚度较低，椎间盘更易于突出。退变的椎间盘的模量低于正常椎间盘，退变椎间盘的拉伸破坏强度同样低于正常椎间盘。当径向载荷时，纤维环弯曲一侧受到挤压，中心的纤维层向内突，而外围纤维层向外突，造成纤维层分离，因此纤维环径向是最薄弱的方向。

髓核是一种凝胶团块，由含大量亲水性氨基酸葡萄糖聚糖的胶样凝胶组成，位于椎间盘中央。由于椎间盘基质中含量很高的蛋白多糖，髓核具有基本膨胀压。除基本膨胀压外，髓核中心的压力还自于外部的躯干载荷和用于平衡外载的椎旁肌肉的拉伸。步行或爬楼等中等强度活动产生的髓核内压是直立状态的两倍。髓核的位置可随脊柱运动的方向而改变。脊柱后伸时，髓核前移，纤维环的前侧压力增加；脊柱前屈时，髓核后移，纤维环后方的压力增加。脊柱侧弯，髓核则往相反方向移动。由于椎间盘的结构特点，髓核所受压力比整个椎间盘的压力大 50％。

椎间盘的生物力学特性是介于硬组织和软组织之间，因为它的结构同时包含固相及液相组织，是标准的双相物质之复合材料结构。与关节软骨一样，椎间盘在力学环境下发生的蠕变现象较慢，也就是经过一段较长时间才达到完全的形变，具有相当明显的黏弹特性。生物力学实验研究表明，在生理载荷范围之内，随着时间的延长，脊柱的蠕变变形不断增加，载荷松弛不断衰减。椎间盘在高负荷下可以产生较高的稳定度，因此高处坠落时，椎间盘处于极硬状态，椎体骨折发生于椎间盘损伤之前。其特点是压力负荷速度越快，弹性率和刚性则越增加。在骨质疏松的椎骨中，可看到终板塌陷于椎体内，椎间盘的纤维环与终板成 30°角，每层纤维环之间互成 120°角，故椎间盘可承受较大的压力而不破裂。椎间盘内的半流体胶状物，在密封下受力只发生形变而不改变容量。人跳跃时震荡力从脚传到脑，基本上被椎体和椎间盘所吸收。体重轻的年轻人滞后力大，即吸收震荡力强。体重重和年龄大的人，其椎间盘滞后力则较小。震荡力反复作用于同一个椎间盘，其滞后力就会变小，也越容易发生椎间盘破裂。所以，汽车、摩托车司机得腰椎间盘突出症的较多，椎间盘的疲劳耐受度较小。

椎间盘主要承受轴向压缩载荷，而屈曲与扭转载荷对椎间盘的破坏比压缩载荷要大得多。在日常生活中，椎间盘的承载方式很复杂，通常是压缩、弯曲和扭转的组合，这些载荷的联合作用可以对椎间盘造成很大的危害。椎间盘的总体结构有利于对抗压缩，但并不十分有利于对抗其他负荷，对张力特别是扭力的耐受力不如压缩力。施加于脊柱的各种不同的载荷，可引起椎间盘的相应变形，使力得到重新分配及部分吸收，而施加于椎间盘的力去除后，椎间盘能很快恢复原状。在承受载荷时，髓核通过改变形态来传递和吸收力，以保护椎体，施加于脊柱的力量最终由于髓核的变形将作用力分解给纤维环。髓核承受大部分纵向的负荷，而纤维环承受来自切面的负荷。研究表明，腰椎前屈增加的主要是剪切力，故在腰椎前屈时容易损伤。

退行性病变或机械损伤造成椎间盘力学性能的降低是许多脊柱疾病发病的诱因之一。椎间盘的结构特点决定了其利于承受压缩外力，对张力或扭力的耐受能力较差。由于椎间盘的生物修复和再生能力较低，导致其抗疲劳能力较弱。椎间盘组织的黏性物质构成决定了其存在较强的黏弹性。黏弹性具有滞后效应，利于椎间盘吸收外载引入的能量，保持原有的形状和功能，是椎间盘对自身的保护。退变椎间盘会丧失黏弹性，导致其吸收震荡和均匀分布载荷的能力减弱。

（三）肌肉

脊柱背侧主要为肌肉，肌肉是椎体骨运动的原始动力，同时也是保持体位、保证脊柱稳定的必需条件。脊柱周围的肌肉可以发动和承受作用于躯干的外力作用。直接作用于腰背部脊柱的肌肉有背肌和腰肌，间接作用于腰背部脊柱的肌肉有腰前外侧壁肌、臀大肌、臀中肌、臀小肌、肌二头肌、半腱肌及半膜肌等。躯干肌肉的共同作用可以改变内部压缩载荷矢量的方向，使得压缩力沿着脊柱前凸后凸曲线穿过每个节段的瞬时旋转中心，从而将压缩载荷导致的弯曲力矩和剪切力最小化。不同的姿态和运动方式，对肌肉的活动性有不同的要求。如放松站立时，腹肌、背肌和腰大肌有轻度、非同时的活动，用以支持脊柱在中立位置的稳定，避免躯体重心在水平面的移动。

（四）韧带

脊柱韧带由胶原纤维组成，是天然的黏弹性材料，具有非线性弹性力学行为。运动节段间韧带：① 前纵韧带，较坚强，能够防止脊柱过度伸展。② 后纵韧带，制约脊柱过度屈曲。③ 黄韧带，含弹性纤维百分比较高，在脊柱伸展时缩短、屈曲时伸长，保持恒定张力，该张力使椎间盘始终保持预应力，增加了脊柱的稳定。椎弓间由黄韧带连结，限制脊柱过度前屈。④ 棘间及棘上韧带，制约前屈后伸运动，对侧弯几乎无作用。⑤ 椎间横韧带，脊柱侧屈时承受最大应力。⑥ 关节囊韧带，在抵抗脊柱扭转和侧屈时起作用。

力学实验表明，前纵韧带和关节囊韧带强度最高，棘间韧带和后纵韧带强度最小，后纵韧带刚度最大，棘上韧带可承受变形最大，前纵韧带和后纵韧带可承受变形最小。当脊柱运动节段承受外载时，与之相连的韧带会受到牵张，对运动节段起到稳定作用。脊柱韧带通常在接近失效强度的生理环境下工作。脊柱韧带只传递拉伸载荷，从而限制脊柱运动不能超过一定的范围，即脊柱生理运动范围。另外，脊柱韧带具有非线性的力学特性，在高载荷、高速度加载时，还具有吸收能量、保护脊柱的功能。脊柱韧带的功能随着年龄的增加而减退。荷尔蒙浓度也可影响韧带的松弛度，如怀孕可以提高身体韧带的松弛度。

## 四、脊柱损伤的生物力学

决定脊柱损伤形成的三个方面因素：① 脊柱的材料特性，主要涉及椎体、韧带、椎间盘、关节突等结构的力学性能。② 脊柱的结构特性，指脊柱各结构的大小、形状、位置及其对脊柱稳定性的影响。③ 载荷形式、加速度和载荷大小。载荷从形式、加速度和大小三个方面对损伤施加影响。载荷的基本形式有五种：屈曲、压缩、拉伸、扭转和剪切。脊柱损伤往往是多种载荷形式联合作用的结果。能量在脊柱的消散有数种方式，其中一部分能量在骨的变形过程中消失。如载荷量超过局部骨质的断裂强度，将造成骨折的，剩余的能量被围绕在骨周围的软组织吸收。如果暴力超过了韧带的抗拉强度，韧带则断裂。一般说来，骨折类型越复杂，骨折所需能量也越大，对脊柱稳定性破坏也越严重。

### （一）上颈椎损伤

上颈椎为枕颈结合区，其解剖及运动学均相当复杂。上颈椎损伤时，患者处于不同体位、姿势和环境，遭受外力的性质及方式也各不相同，暴力常使其处于过屈、过伸以及过度旋转等位置，可单独发生，也可同时出现，导致临床上多种类型的骨折和脱位。

1. **枕骨髁骨折** 少见，常合并有颈1骨折、脑神经损伤。根据造成损伤的暴力类型，将枕骨髁骨折分为三种损伤类型：Ⅰ型，为轴向载荷引起的枕骨髁撞击压缩性骨折；Ⅱ型，通过枕骨髁到枕骨大孔的颅骨基底骨折，常为枕部受到直接撞击所致；Ⅲ型，由于剪切、侧屈、旋转暴力或者共同作用，导致翼状韧带张应力增大，引起枕骨髁的撕脱性骨折。Ⅰ型、Ⅱ型为稳定性损伤，Ⅲ型为潜在不稳定类型。

2. 寰枕脱位　极少见，因为寰枕之间韧带强度极大。该损伤极为严重，患者生存机会甚微，为急性颈椎损伤的 0.67%～1%，约占车祸死亡原因的 8%。寰枕脱位的损伤机制：有人推测是过屈，有人认为是过伸和纵向牵张，还有人认为由于枕寰内在旋转的局限性可能导致的伴有或不伴有侧屈的强制性旋转。

3. 寰椎骨折　寰椎骨折的损伤机制：一般认为是轴向压缩暴力。根据临床所见的损伤形式，考虑有垂直压缩产生的爆裂型损伤、屈曲压缩产生的前弓骨折、侧屈压缩产生的单侧骨折和过伸压缩产生的后弓骨折。目前分 7 种亚型：

(1) 爆裂骨折型：又称 Jefferson 骨折。轴向载荷通过枕骨髁传递至颈 1 的上关节面，导致寰椎呈反射性碎裂成三四块。为最常见类型，少有出现神经症状。

(2) 后弓骨折型：通常为过伸性损伤的结果。

(3) 粉碎骨折型：常为轴向压缩暴力和侧屈暴力共同作用的结果，同侧前后弓骨折并有横韧带的撕脱骨折。常导致不愈合，功能预后很差。

(4) 前弓骨折型：为过屈性损伤所致。

(5) 侧块骨折型：为轴向载荷和侧向压缩所致。

(6) 横突骨折型：可为单侧或双侧，为撕脱骨折或侧屈暴力所致。

(7) 前结节撕脱骨折型：为过伸性暴力致颈长肌寰椎前结节附着点的撕脱骨折。

4. 寰椎前脱位　屈曲旋转时，由于寰椎横韧带断裂，齿突状后方失去阻挡，寰椎前移，寰齿关节间隙增宽，齿突压迫脊髓造成损伤。

5. 寰枢关节旋转半脱位和脱位　在寰椎横韧带完整时，寰枢关节旋转65°才会造成双侧寰枢关节完全脱位，并出现椎管显著狭窄，存在脊髓损伤可能。但在寰椎横韧带缺失时，寰枢关节仅旋转45°就可以造成单侧寰枢关节完全脱位及类似后果。成人寰枢关节旋转半脱位和脱位尤为严重，多由车祸引起，常合并一侧或双侧侧块某部位的骨折，为屈曲和旋转暴力所致。儿童由于呼吸道炎症等原因可出现旋转性半脱位，常为自限性，非手术治疗可以缓解。

6. 齿突骨折　目前损伤机制仍不清楚，一般认为颈部屈曲、过伸和旋转均可致齿突骨折。有生物力学研究表明，水平剪切力与轴向压缩力的共同作用是造成齿突骨折的主要机制。屈曲损伤时，坚固的横韧带作用于齿突后部，可导致其骨折而横韧带无撕裂，折断的齿突随屈伸活动而前后移动，与横韧带断裂造成的半脱位不同，齿突较少对脊髓造成危害，但齿突骨折后寰枢关节不稳可以造成脊髓损害。

7. 颈2侧块骨折　少见骨折类型，与寰椎侧块骨折的机制相类似。轴向压缩和侧屈暴力共同作用于C1/C2关节，导致颈2关节面的凹陷骨折，一般没有神经损伤。

8. 创伤性枢椎椎体前滑移、Hangman fracture（绞刑骨折）　两者在临床及影像学上难以明确区分，常常相互替代应用，但损伤机制明显不同。绞刑骨折系绞刑引起过伸和牵张暴力导致枢椎双侧椎弓根骨折并颈2或颈3椎间盘和韧带的完全撕裂损伤。创伤性枢椎椎体前滑移，系车祸或坠落引起颈椎的伸展压缩损伤。在撞车和突然减速运动中，身体被向前弹出，头部与挡风玻璃或车顶相撞，或出现挥鞭样快速运动，此时颈椎同时遭受轴向压缩载荷和伸展载荷，导致颈2两侧椎弓骨折的，但骨折后位移很小，颈椎仍然稳定；若载荷继续增加，上颈椎进一步被强力后伸时，前纵韧带甚至后纵韧带将发生断裂，随后可能发生其他韧带断裂以及颈3椎前上缘小片撕裂骨折，少数情况下可致颈2椎前下缘撕脱骨折；在更大暴力下，椎间盘被破坏，纤维环可自颈2下方或颈3上方的终板撕裂，上、下颈椎之间出现真正的不稳，颈2椎体向前半脱位。上述机制亦可发生坠落面部着地时，头颅寰椎、枢椎与枢椎的后弓及下颈椎各作为一个整体做相对运动和对抗。

### （二）下颈椎损伤

下颈椎损伤主要因作用于头颈复合体的暴力所致，包括直接撞击的暴力和因胸或头颈快速减速而形成的间接暴力，常见损伤载荷有屈曲、压缩、旋转和伸展。多数损伤不是以单一形式出现，而是几种损伤方式的结合。损伤类型与暴力大小、方向、头颈位置、姿势等有关。损伤机制的判断要结合损伤的暴力大小及方向、伤者的位置和姿势、体格检查以及影像学检查等综合判断，仅根据损伤后的X线检查来判断脊柱损伤的暴力存在很大的局限性，容易导致错误。

Allen等将下颈椎损伤的基本机制归为6种类型：① 屈曲压缩暴力，对椎体产生压缩性破坏，对后部结构产生牵张性作用或破坏；② 垂直压缩暴力，对整个椎骨产生压缩性破坏；③ 伸展压缩暴力，对脊柱后部结构产生压缩性破坏，对脊柱前部产生牵张性破坏；④ 屈曲牵张暴力，对整个椎骨或颈椎产生纵向分离性破坏，颈椎呈后突畸形；⑤ 过伸牵张暴力，对整个椎体或颈椎产生纵向分离性破坏，颈椎呈过伸畸形；⑥ 侧屈暴力，对椎骨一侧产生压缩性破坏，如钩椎骨折。

其中屈曲牵张损伤可分为：Ⅰ型，为韧带损伤，仅局限于后部韧带结构，患者可出现棘突的分离，上椎体的下关节突可轻度向前移位。如果撕裂韧带未能很好修复，可有30%～50%病例迟发性不稳但没有脱位；Ⅱ型，出现单侧关节突脱位，伴或不伴有骨折；Ⅲ型，为双侧关节突脱位，并有50%的平移，呈现所谓“关节突跳跃征”，可出现后部结构骨折和椎体压缩骨折；Ⅳ型，为最严重类型，椎体完全移位或椎体间牵张分离，表现所有韧带断裂，并可能出现致命性的椎动脉损伤或上升性脊髓损伤。

1. 过度屈曲性损伤

由过度屈曲暴力产生的损伤，暴力使头颈运动超过其后部骨韧带结构的生理极限。常发生于车辆撞击事故或坠落。因过度屈曲，颈椎后部韧带结构出现牵张性或拉伸应力，导致由后至前方向的韧带撕裂。过度屈曲暴力也可以导致椎体的压缩骨折，伴有或不伴有后部结构的撕裂。头部快速减速导致的牵张性屈曲暴力可引起关节突脱位和前纵韧带的撕裂。

2. 压缩性损伤

为轴向压缩暴力，导致椎体或后部结构的骨折，常发生在跳水、足球赛、撞车、蹦床等事故中。损伤类型与损伤时头颈部位置有关。如头颈位于屈曲位，则导致椎体平移性破坏即前脱位；如头颈位于中立位，则导致楔形、压缩性或爆裂性骨折。出现爆裂性骨折时，压缩载荷使椎间盘内压力明显增高，上位软骨终板出现断裂，椎间盘组织移位进入椎体，导致椎体压缩性骨折，但纤维环可以承受暴力而少有出现撕裂。因椎间盘突入椎体内产生巨大的暴力，可以导致椎体的爆炸性碎裂，出现椎体爆裂性骨折，骨折块向四周移位，包括突入椎管。屈曲性“泪滴”样撕脱骨折，常由屈曲轴向暴力所致，是高能量损伤引起的颈椎前部或后部的骨或韧带的撕脱。

3. 过伸性损伤

常出现于坠落等原因引起直接撞击头面部时，常合并有头颅或颌面部损伤。颈椎过伸时，椎管出现一过性狭窄，即使没有明显的骨性破坏，也可能出现严重的脊髓损伤。

颈椎挥鞭样运动产生的过伸性损伤是撞车事故中最常见的损伤类型，是由加速—减速所产生的惯性力所致的间接创伤。头颈部通常不受到直接暴力，导致损伤的唯一暴力是惯性力。汽车的突然减速使身体相对于车座前移，而汽车加速时，身体贴紧座位的靠背。惯性力的方向总是与加速度方向相反，而头颈部的平移和旋转加速度大于躯干本身的加速度。

对伸展的最初抵抗由颈前肌提供，当颈肌的抵抗被克服后，除前纵韧带和椎间盘纤维环外，没有其他结构能对抗伸展。颈部的加速—伸展应力可导致各种病理改变，包括肌肉撕裂、椎间盘破坏、前纵韧带断裂、食管和椎动脉的牵拉以及颈椎不稳。过伸性损伤可以出现颈椎后弓的撞击和关节突关节的挤压。如果暴力够大，则可以导致后部结构的不同类型骨折（一般比较稳定），甚至椎体脱位即过伸性脱位（高度不稳定）。

当过伸合并有牵张暴力时，前纵韧带则承受载荷并可断裂。X 线检查可发现椎间盘大于 2 mm 以上增宽，并有椎前软组织肿胀，通常可见椎体前下角的小撕脱骨折。此损伤需与屈曲轴向载荷引起的撕脱骨折相区别。伸展性撕脱骨折常发生于颈 2，应注意与椎体前缘骨赘骨折区别。

过伸性损伤常发生在老年人或原有颈椎病、椎管狭窄等人群。过伸性损伤时，黄韧带折叠突入椎管，可以造成脊髓的一过性损伤，在有椎间盘突出或椎体后缘骨赘形成的患者，脊髓则受到前后方向上的压迫。

水平剪切暴力是下颈椎骨折脱位的主要机制。旋转垂直暴力也是下颈椎损伤机制之一，在颈椎处于旋转状态时承受垂直载荷，其病理形态可能上述各情况的综合。

（三）胸腰椎损伤

胸腰椎损伤有轴向压缩、屈曲、侧屈、屈曲旋转、屈曲牵张、剪切、伸展等 7 种常见的暴力形式。

1. *轴向压缩*　由于胸椎正常的后凸角度，轴向压缩载荷在此区域常分解椎体前屈的载荷。在胸腰段直立时，轴向载荷一般为椎体纯压缩载荷，造成终板断裂，椎体出现压缩骨折，甚至爆裂骨折，椎体前中柱均发生破坏，中柱骨片突入椎管可造成神经损伤，后柱也有骨折，但韧带结构仍保持正常。本型骨折的 X 线特点是中柱破坏并有骨片突入椎管。Denis 认为所有轴向压缩载荷所致的爆裂骨折均不稳定。也有人认为压缩骨折的椎体尚具有损伤前 60%～70%的抗压能力，因此生理载荷不会使椎体继续压缩、变形，如后部韧带完整无损，脊柱不会出现进行性的后凸畸形和不稳。

2. *屈曲暴力*　屈曲暴力在椎体及椎间盘前部产生压缩应力，而后部产生拉伸应力，后部韧带可没有撕裂，但后部可以出现撕脱骨折。前屈旋转轴到棘突尖的距离是到椎体前缘距离的 3～4 倍，决定了前屈时椎体前柱承受的压缩载荷是后部韧带张力载荷的 3～4 倍，因此首先造成椎体前部压缩骨折，骨折消散了能量即削减了载荷。如果暴力不是很大，只单纯造成前柱的楔形压缩骨折，中柱保持正常，后部韧带完整，为稳定性骨折类型。如果后部韧带和关节突关节囊撕裂，则出现脊柱不稳。由于肋骨框架的保护作用，单纯的楔形压缩骨折最常见于胸椎。如果暴力较大时，椎体前部压缩达到 40%～50%，应考虑有后部韧带及关节囊损伤，可出现迟发性不稳和进行性畸形。屈曲压缩损伤合并中柱破坏，X 线侧位片显示椎体后上缘有骨片突入椎管，椎体后壁高度无减小，与中柱的压缩性破坏相区别。此类损伤更容易引起力学不稳定、进行性后凸畸形及神经功能损害，一般需手术固定治疗。

3. *侧屈压缩暴力*　侧屈压缩暴力是暴力作用于脊柱一侧，导致类似椎体前部楔形压缩骨折的损伤。一侧椎体和后部结构产生压缩力，而对侧产生张力，可以导致单纯椎体骨折，或者合并后部韧带损伤。张力侧可有小关节脱位、韧带撕裂。单纯一侧椎体前柱楔形压缩骨折时脊柱仍保持稳定，当合并有后部结构损伤时会引起慢性不稳定。

4. *屈曲旋转暴力*　包括屈曲和旋转两种暴力共同作用。单纯屈曲暴力一般导致椎体前部破坏，合并旋转暴力则韧带和关节囊就会撕裂，造成广泛的韧带和骨结构破坏，小关节常发生骨折脱位，可对神经组织产生进行性损害，导致"切片"样骨折。与颈椎相比，单纯胸椎或腰椎脱位不多见。

5. *屈曲牵张暴力*　在交通事故的突然减速过程中，安全带限制下部躯干和骨盆向前弹射，使暴力集中在没有制约的上部躯干，上部躯干、上肢对下肢以离心的方式向前弹出，增加了腰椎后部的牵张暴力，致脊柱骨性结构、椎间盘和韧带全部断裂或撕脱，但没有形成粉碎性骨折。这种屈曲牵张性损伤又称安全带型损伤，有以下常见破坏形式：

(1) 单纯骨性破坏：水平骨折从棘突开始，经椎板、横突、椎弓根，延伸到椎体，即典型的Chnance骨折，常发生于腰1～3，出现急性不稳定，但可良好愈合并提供长期稳定。

(2) 骨和韧带的同时破坏：一般为韧带断裂伴有一侧或双侧小关节突的脱位和(或)骨折，多发生于胸12至腰2，自行愈合率低，为不稳定骨折类型。

(3) 单纯韧带撕裂或椎间盘损伤：安全带型损伤时椎体前部无压缩或轻度压缩，前柱仍保持其支点作用，椎体无前方或侧方移位，无斜形骨折线，提示旋转和压缩暴力很小或没有。当屈曲牵张暴力极大时，屈曲轴极度前移，可导致前纵韧带完全撕裂，前柱失去其支点作用，纤维环发生破坏，整个椎体脱位或半脱位。通常这种情况是纯牵张暴力所致，而屈曲牵张性损伤。这种损伤极不稳定，常有神经损伤。

6. **剪切暴力** 常与其他暴力相伴而极少单独出现。在不同方向的剪力作用下，椎体可发生前后或左右位移，当位移超过25%时，关节突和所有的韧带常发生断裂。创伤性椎体前滑移是最常见类型，常导致完全性脊髓损伤，脊柱的稳定性常被严重破坏。偶尔可发生双侧椎弓峡部裂，而不出现神经损害。

7. **伸展暴力** 伸展暴力出现于头和躯干上部极度后伸时，可造成与屈曲暴力相反的损伤类型。强大的前纵韧带、纤维环前部受到张力性载荷，而后柱则承受压缩载荷，可以导致关节突、椎板和棘突骨折以及椎体的前下方撕脱骨折，但这些不是伸展性损伤的特有病理表现。该损伤在胸腰椎极少见，大多数脊柱能保持其稳定性。

## 五、脊柱不稳的生物力学

脊柱的稳定结构分为内在稳定结构和外在稳定结构两部分。内在稳定结构是组成脊椎自身的各个结构，支持脊柱稳定的结构包括相邻椎骨及其连接结构（椎间盘、小关节囊及韧带）；外在稳定结构主要是神经肌肉系统。脊柱的稳定性及影响因素依其不同节段的解剖学及生物力学特点而各具特殊性，某一结构的损伤或切除，会导致脊柱承载能力的下降，但不一定造成脊柱的失稳。朱青安等研究发现，单侧小关节内侧半切除对颈椎节段稳定性没有明显影响，只有在双侧小关节内侧半切除时才会发生颈椎节段不稳定。戴力扬的研究发现，后部结构切除对于维持腰椎的稳定性起十分重要的作用，其切除量越多，对腰椎稳定性影响的程度越大。

脊柱的平衡是脊柱正常承受载荷的保证。脊柱失去平衡易产生脊柱不稳定，是多种脊柱疾病的共同临床表现，也是多种脊柱疾病的诱发因素。脊柱不稳常以病因、体征、损伤史来描述，在临床上定义不统一，但有三个共同点：一是脊柱不稳定发生于脊柱失去在生理载荷下控制异常活动的能力；二是脊柱不稳意味着这些异常活动将会导致进一步的损伤；三是脊柱不稳意味着脊柱无法实现保护神经结构的基本功能。脊柱不稳的生物力学评价一般都是通过对脊柱施加标准载荷观测脊柱节段运动，分析脊柱抵抗变形的能力，即脊柱稳定程度。从生物力学的角度看，脊柱平衡的丧失是脊柱某个或某几个元素（如椎体、肌肉、韧带、椎间盘等）力学性能不足而导致的脊柱承载能力缺失。脊柱失去平衡后，脊柱节段活动范围超过正常范围，载荷在节段之间无法顺利传递，从而导致受损部位的进一步发展。将脊柱可看作三柱式承载结构有助于在临床和生物力学上更好地认识失稳的严重性，压缩骨折涉及前部脊柱破坏以及中部脊柱失去接触，爆裂性骨折包括前部和中部脊柱失效，骨折错位受伤显示所有三柱式承载结构的失效。平衡稳定的脊柱通过脊柱正常的生理曲线体现，当脊柱发生畸形，正常的脊柱曲线发生改变，可能引起功能紊乱和各种内脏疾病。力学手段常用来干预脊柱畸形并达到矫形的作用，重建脊柱平衡。

## 第三节　脊柱运动学

脊柱除支持和保护功能外，还具有灵活的运动功能。虽然相邻椎骨间运动范围很小，但多个椎骨间的运动累积在一起，就可进行较大幅度的运动，其运动方式包括屈伸、侧屈、旋转等。脊柱各节段的运动活度不同，与椎间盘的厚度、椎间关节的方向等制约因素有关。骶部完全不动,胸部运动较少,颈部及腰部比较灵活。脊柱的弯曲,特别是颈曲和腰曲,重力的变化可以改变其曲度。运动学是力学的分支,专门描述物体的运动,不涉及力和质量等造成运动的因素。脊柱运动学利用运动学原理研究人体脊柱在正常的生理载荷时运动的形态和大小。

## 一、基本概念和术语

1. 坐标系。

2. 平动　平动是指在运动过程中同一时刻,运动物体上各点的速度和加速度相同的机械运动。平动时,所有质点相对一固定点在同一时间内其运动方向不变。

3. 旋转。

4. 运动节段和节段运动　运动节段是脊椎的功能性单位,含有两个相邻椎体及其间软组织。运动一般是相对于下位椎体而言。节段的运动具有三维特点,包括平动、前屈/后伸、侧弯及轴向旋转。

5. 运动自由度　运动自由度是指物体能够运动的方向数。椎体作为空间自由刚体,具有 6 个自由度,包括沿三个坐标轴平动的自由度和绕三个坐标轴旋转的自由度。

6. 瞬时旋转轴　在平面上运动的刚体,任一瞬间它的内部必有一条线或这条线的假想延伸线不发生运动,这条线就是瞬时旋转轴。

7. 运动的螺旋轴。

## 二、脊柱运动的测量方法

1. 非侵入测量　脊柱运动的在体测量手段一般都是非侵入性,可大致分为简单测量、放射性测量、传感器测量、眼径计法、莫尔云文测量以及摄像测量。

2. 离体测量　离体测量对象明确，干扰因素少，可量化研究，并且精确度高。但离体测量常常为侵入式，测量技术较复杂，花费时间和财力较高。

## 三、脊柱的功能单位

脊柱的功能单位是能够反应脊柱节段力学行为的基本单位，即运动节段，由两个脊椎和介于它们之间的软组织组成。它分为前部和后部。两个叠在一起的椎体、椎间盘和纵韧带形成节段的前部，相应的椎弓、椎间关节、横突和棘突以及韧带组成节段的后部。研究表明，运动节段的任何环节异常都导致整个运动链的活动障碍。在某一运动节段被固定后，有关负荷会转移到相邻的运动节段。椎体高度由颈 3 至颈 6 逐渐减少，这一变化趋势是由于前部的椎体主要承担压缩负荷，上部身体的重量加大时，椎体就相应变得更大，因此腰椎的椎体比胸椎和颈椎的椎体要高，其横截面积也大一些。腰椎椎体的尺寸增大，使其能承受这部分脊柱所需的较大负荷。后部控制运动节段的运动，运动的方向取决于椎间小关节突的朝向。第 1、2 颈椎的小关节突朝向横断面，其余颈椎的小关节突均与横断面呈 45°夹角而与额状面平行，从而能够屈曲、伸直、侧弯和旋转。胸椎小关节突的朝向与横断面呈 60°夹角，与额状面呈 20°夹角，使其能侧弯、旋转和少许屈伸。腰部小关节突的朝向与横断面呈直角，与额状面呈 45°夹角，使其能屈伸和侧弯，但不能旋转。

## 四、脊柱运动的描述

脊柱作为一柔性负载结构，其运动形式是多样的。组成脊柱的各个节段的运动幅度虽然有限，但整个脊柱的运动范围较大。节段间的运动与椎骨间的连接结构（椎间盘、韧带和小关节）的变形相关。节段间的运动是三维的，表现为两椎骨间的角度改变和移位。一个节段承受力偶矩便会产生节段间的角度改变，承受力则会出现节段的移位。脊柱节段运动的复杂性还表现在脊柱各种运动之间的耦合。耦合是指沿一个方向的平移或旋转同时伴有沿另一个方向的平移或旋转。脊柱的活动不仅是单方向的，而是多个方向活动的耦合。脊柱运动一般是几个节段的联动合作，称之为偶联运动。影响偶联运动的骨性结构有胸廓和骨盆，胸廓限制胸椎运动，骨盆倾斜可以增加躯干的运动。偶联运动意味着一个脊柱运动单位出现异常运动，可能影响其他邻近的运动单位出现异常。

在脊柱运动分析中，一般将椎骨视为不变形体，即刚体，将椎间盘、韧带看成是可以伸缩的变形体。脊柱节段运动就是相邻上、下两椎骨间相对运动，属于三维运动，有 6 个自由度，即绕额状轴可做屈伸运动，绕矢状轴可做侧屈运动，绕垂直轴可做旋转运动。脊柱在横状面、矢状面和纵轴上均有旋转和平动。此外，还可以做环转运动。

脊柱各部的运动性质和范围主要由关节突关节的方向和形状、椎间盘的厚度、韧带的位置及厚薄决定，同时也与年龄(退行性病变导致脊柱运动范围减小)、性别和锻炼程度有关。

### (一) 上颈椎运动

上颈椎即枕寰枢复合体，包括 $C_{0\sim1}$ 和 $C_{1\sim2}$ 两个节段，其运动最为独特。上颈椎的运动幅度较大，尤其是 $C_{1\sim2}$ 轴向旋转运动，占整个颈椎轴向旋转运动的 50%左右。枕骨髁关节面凸起与 $C_1$ 上关节突的凹面密切对合，限制了 $C_{0\sim1}$ 间的轴向旋转。

杨双石、朱青安等对试验用新鲜的 11 例男性枕颈部骨韧带标本的研究表明，在 1.53 N·m 载荷下 $C_1\sim C_2$ 旋转活动的范围为左旋 $(37.5\pm8.3)^\circ$，右旋 $(38.7\pm6.1)^\circ$，几乎占整个颈椎轴向旋转的 50%，因此，上颈椎固定将意味着颈椎失去一半以上的固有旋转活动范围。

上颈椎的平移活动很少。$C_{0\sim1}$间平移极不显著，上颈椎的平移运动主要发生在$C_{1\sim2}$，正常为2～3 mm。Jackson发现在完全屈曲和后伸活动时，成人此值较恒定，最大为2.5 mm，而儿童可以见向前半脱位现象，最大为4.5 mm。临床上一般认为大于3 mm者需考虑横韧带断裂。

（二）下颈椎$C_{3\sim7}$运动

颈椎的大多数屈伸活动出现在中位颈椎，尤其是$C_{5\sim6}$节段，侧屈和轴向旋转活动则是往下逐渐变小。由于下颈椎小关节面在矢状面上与水平面呈45°，侧弯运动时伴有轴向旋转运动。

（三）胸椎运动

在胸部，胸椎与肋骨相连，椎间盘较薄，关节突关节面呈冠状位，棘突成叠瓦状，这些因素限制了胸椎的运动，故与颈椎和腰椎相比，胸椎前后屈曲的活动范围虽小，但其左右旋转活动范围则较大。胸椎小关节面从上至下逐渐转向矢状面，因而上位胸椎的轴向旋转运动比下位胸椎的要大。上位胸椎$T_{1\sim5}$的平均屈伸运动范围为4°，中位胸椎$T_{6\sim10}$为6°，下位胸椎$T_{11\sim12}$为12°。上、中位胸椎的侧弯运动范围相似，为6°，下位胸椎则提高到8°～9°。上位胸椎轴向旋转运动范围为8°～9°，愈往下愈小，在下部胸椎只有2°，这与胸椎小关节面逐渐转向矢状面相关。

（四）腰椎运动

在腰部，椎间盘最厚，前后屈曲活动范围较胸椎明显增大，关节突关节几乎呈矢状位，限制了旋转运动，故左右旋转和左右侧屈的活动范围大大降低。腰椎的屈伸运动范围从上至下是逐渐增加的，其中$L_5\sim S_1$节段屈伸运动最大。除$L_5\sim S_1$节段的侧弯运动和轴向运动较小外，腰椎节段的侧弯和轴向运动是相近的。$L_4 \sim L_5$ 和 $L_5 \sim S_1$ 节段承受的载荷最大，运动的幅度也最大，其独特的生物力学机制与临床上这两个节段疾病较多现象有密切联系。

唐运章、丁义良等采用单节段逐步切除腰椎后部结构的方法研究发现，脊柱后部结构切除后，前屈及轴向旋转运动的范围增加（前屈平均运动范围增加 5.1°，旋转增加 3.4°），当全椎板及双侧小关节全部切除后，脊柱的侧弯活动范围会显著增加（约 3.7°）。

通过临床影像分析，可以测得脊柱不同节段运动范围：枕寰关节可屈伸 10°～15°，侧屈 8°左右；颈 1、2 节段一般有 47°轴向旋转，但几乎没有侧向活动；颈 3～7 作为整体旋转约为 90°，屈伸约为 64°（前屈 40°，后伸 24°）；整个颈椎节段的联合运动范围则大得多，屈伸约为 180°，侧弯约为 90°；从胸椎往下，屈伸幅度逐渐增加，上胸运动节段的屈伸约为 4°，中胸段约为 6°，胸 11、12 节段约 12°，腰骶则高达 20°。下胸节段侧弯运动范围大于上胸节段。上胸节段侧弯大约为 6°，下胸节段可达 8°～9°，腰骶段侧弯仅有 3°。

# 第三章 脊柱的法医临床学检验

## 第一节 基本原则

应当遵循实事求是的原则，对人体原发性损伤及由损伤引起的并发症或者后遗症的主、客观体征进行检验。

## 第二节 检验时机

一、鉴定以原发性损伤为依据的，应尽可能在损伤早期检验并记录。

二、鉴定以损伤后果为依据的，应在临床医疗终结后检验，原则上在损伤后 3～6 个月进行。行全面、细致的检验，为鉴定结论提供分析的依据。

# 第三节 一般检查

## 一、一般情况

如四肢肌肉有无萎缩、脊柱有无侧弯或后凸畸形、脊柱生理弯曲情况、步态等。

## 二、体表检查

1. 脊柱体表解剖学标志

在脊柱的后正中线上可以很清楚地辨认椎骨的棘突，并确定不同部位椎骨的序数：(1) 屈颈时，第 7 颈椎棘突隆起易于辨认；(2) 双上肢垂于体侧，两侧肩胛冈内侧端的横线通过第 3 胸椎棘突，两侧肩胛骨下角的连线横过第 7 胸椎棘突；(3) 通过脐水平连线为第 2 骶椎中部。正确辨认上述解剖学标志，有助于我们对脊柱损伤的部位准确判断并应用于司法鉴定实践中。

2. 体表损伤

脊柱体表皮肤损伤种类：(1) 擦伤：检查擦伤发生的部位、形态、大小、颜色，有无表皮剥脱、血液渗出。若残留有表皮碎屑或游离皮瓣时，可以根据游离缘为力的起始端以及附着缘为终止端的特点，推断暴力作用方向。(2) 挫伤：检查挫伤的部位、形态、大小，皮内或皮下的出血程度。因常与擦伤并存，检查有无表皮剥脱、局部肿胀和炎性反应。(3) 创：法医临床检验时一般创均已经过清创缝合，为缝合创(尚未拆线)。检查创的部位、形态、走行方向，创缘是否平整，创角是否整齐，有无挫伤带，局部有无肿胀等。注意区分钝器创和锐器创，若为锐器创，则需区分切割创、砍创、刺创及剪创。测量创的长度、宽度，测量创长时应注意不要将拖痕视为创。观察脊柱体表皮肤损伤情况，便于明确外力作用部位、方向及损伤机制等。

## 第四节 专科检查

检查脊柱生理弧度是否存在，棘突及椎旁肌肉有无压痛，脊柱有无叩击痛，检查脊柱活动度、感觉功能、运动功能、神经反射等。

### 一、感觉功能障碍

皮肤感觉检查可帮助测定神经损伤的部位，皮肤感觉由神经呈节段性供应，正常皮肤节段感觉分布如下（图 3 - 1）：颈$_{1\sim3}$：枕部、颈部；颈$_{4}$：肩胛部；颈$_{5\sim7}$：手、前臂及上臂桡侧；颈$_{8}$～胸$_{2}$：手、前臂及上臂尺侧；胸$_{5}$：乳腺；胸$_{7}$：肋弓下缘；胸$_{10}$：脐水平；胸$_{12}$～腰$_{1}$：腹股沟韧带；腰$_{1\sim5}$：下肢前面；骶$_{1\sim3}$：下肢后面；骶$_{4\sim5}$：臀内侧面、会阴性、肛门、生殖器。检查时应自上而下，按头、上肢、躯干、下肢的顺序进行，并注意左右对比，皮肤感觉与脊髓节段关系对比，还应注意温觉、触觉及深感觉。如：确定感觉平面应在异常感觉的交界处以针尖上下来回划动，以使被检者分辨出正常、感觉迟钝、过敏与消失。应区别周围型感觉障碍、根型和节段型分布的感觉障碍及传导型感觉障碍、半身感觉障碍等。周围型感觉障碍时各种感觉障碍均受累，同时多伴有运动障碍、反射障碍及其营养障碍，这是因为周围神经同时有感觉、运动及自主神经纤维。根型和节段型分布的感觉障碍常见根性痛，按神经根的分布区扩散，如在胸部有束带样痛，在四肢则呈条带形分布。传导型感觉障碍，由于中枢神经白质传导束病变引起，表现为病灶水平以下全部区域内的感觉障碍，如脊髓侧索病变病灶水平以下对侧到骶尾节段分布区即肛门、会阴发生温觉丧失。半身感觉障碍，定位判断应考虑有脑干、丘脑、内囊等脑部病变。

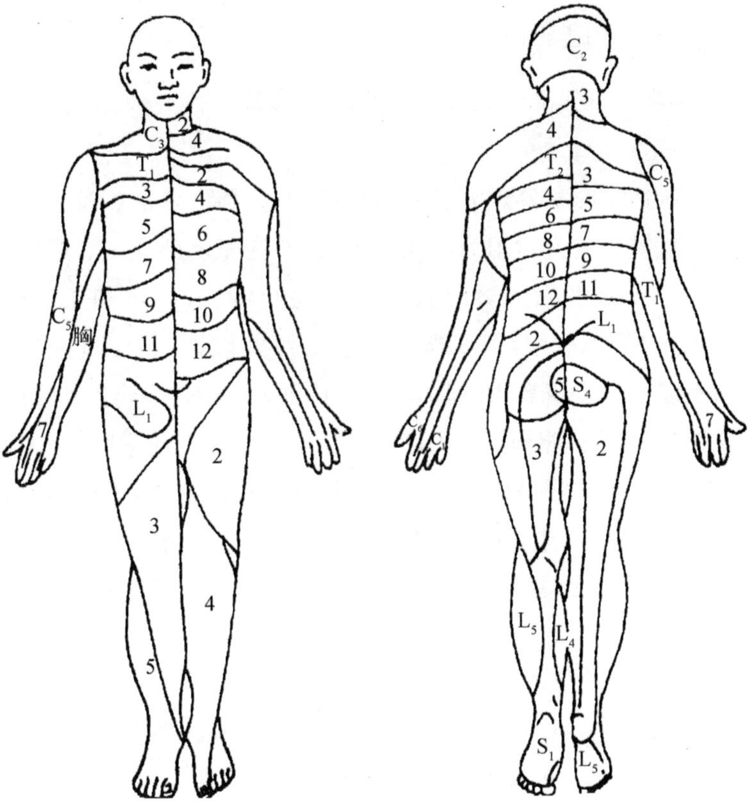


图 3-1　正常皮肤节段感觉分布

1. 浅感觉　用别针或针尖均匀地轻刺被鉴定人皮肤，检查痛觉；用棉签轻触被鉴定人的皮肤或黏膜，检查触觉；用盛有热水（40～50 ℃）或冷水（5～10 ℃）的玻璃试管接触被鉴定人皮肤，检查温度觉。检查时应注意交替进行，双侧比较。

2. 深感觉　轻轻夹住被鉴定人的手指或足趾两侧，向上或向下移动，令其说出移动方向，检查运动觉；将被鉴定人的肢体置于某一姿势，嘱其描述该姿势或用对侧肢体模仿，检查位置觉；用震动着的音叉(128 Hz)柄置于被鉴定人骨突起处，询问有无震动感觉，检查震动觉。

## 二、运动功能障碍

应注意全身或部分肌肉的肌张力、有步骤地检查步态、姿势、肢体运动及肌萎缩等。

1. 肌力　嘱被鉴定人做肢体伸屈动作，检查者从相反方向给予阻力，测试被鉴定人对阻力的克服力量，并注意两侧比较。肌力的记录采用0～5级的六级分级法。0级，完全瘫痪，测不到肌肉收缩；1级，仅测到肌肉收缩，但不能产生动作；2级，肢体在床面上能水平移动，但不能抵抗自身重力，即不能抬离床面；3级，肢体能抬离床面，但不能抗阻力；4级，能作抗阻力动作，但不完全；5级，正常肌力。

2. 肌张力　嘱被鉴定人肌肉放松，检查者根据触摸肌肉的硬度以及伸屈其肢体时感知肌肉对被动伸屈的阻力作判断，应注意是否存在肌张力增高或肌张力降低。

## 三、排便和(或)排尿功能障碍

行直肠指诊或肛诊，检查肛门括约肌张力是否降低，直肠或肛门是否有瘢痕形成。检查肛门反射是否减弱。必要时行肛肠动力学检查评估排便功能，行尿流动力学检查评估排尿功能。

## 四、神经反射

1. 浅反射

(1) 腹壁反射：嘱被鉴定人仰卧，下肢稍屈曲，使腹壁松弛，然后用钝头竹签分别在肋缘下、脐平及腹股沟上方，由外向内轻划两侧腹壁皮肤，观察上、中或下部腹肌是否收缩。正常时，可见同侧腹壁肌肉收缩。一侧腹壁反射减弱或消失，见于锥体束损害，如一侧大脑半球病变、多数硬化症等。一侧腹壁反射亢进，见于偏侧型舞蹈病。双侧腹壁反射亢进，见于帕金森病、舞蹈病等锥体外系统疾患，偶见于精神紧张或神经质者。双侧腹壁反射减弱或消失：多无病理意义，可见于老年人、经产妇、腹壁脂肪过多、腹壁松弛或某些腹腔疾患，如腹膜炎、腹水等。

不合宜人群：腹部有严重损伤的患者。

(2) 提睾反射，检查者用竹签由下而上轻划男性病人股内侧上方皮肤，观察同侧提睾肌是否收缩，睾丸是否上提。正常时，可见同侧睾丸立即上提。若无此反应或反应迟缓，即为提睾反射减弱或消失。如双侧提睾反射减弱或消失，提示有腰髓损伤，也可见于老年人。一侧提睾反射减弱或消失可见于锥体束病变或损害。提睾反射比腹壁反射对病损抵抗力强，故减低或丧失比腹壁反射要晚。

检查时应注意与阴囊收缩相区别。提睾反射不伴有阴囊收缩，如触摸病人阴囊皮肤时，引起阴囊蠕动样收缩，为阴囊反射。

不合宜人群：睾丸缺失的患者。

检查前禁忌：在做检查前要对阴茎和睾丸进行清洁，并保持阴茎和睾丸的干净。由于情绪紧张时可影响提睾反射的结果，因此要求患者在做提睾反射检查时不必过于紧张和感到害羞，以防止结果出现错误。

老年人、睾丸积水、精索静脉曲张、睾丸炎、副睾丸炎或睾丸肿瘤、脑部病变、脊髓病变、锥体束损害时，腹壁及提睾反射均可出现减弱或消失。

(3) 肛门反射：用大头针轻划肛门周围皮肤，观察肛门括约肌是否收缩。正常时，即刻见肛门收缩。肛门反射减弱或消失说明有双侧锥体束或马尾神经损害。

不合宜人群:肛门、会阴有损伤的患者。

检查前禁忌:检查前要准备好一块干净无菌的棉花并做好肛门的清洁工作。检查时不必过于害羞、紧张,以免影响检查结果。

(4) 跖反射:嘱被鉴定人仰卧,下肢伸直,检查者手持被鉴定人踝部,用钝头竹签划足底外侧,由足跟向前至近小跖趾关节处转向踇趾侧,观察足跖是否屈曲。正常时,可见各趾皆跖屈。若上述反应减弱或不出现,即为跖反射减弱或消失。跖反射是由胫神经传入,经腰骶髓 2,仍由胫神经传出,反射中枢在骶髓 1～2 节。足跖反射减弱或消失,提示上述反射弧有损害。

不合宜人群:下肢或髋关节残疾或本身损伤的患者。

2. 深反射

(1) 肱二头肌反射:嘱被鉴定人前臂屈曲,检查者以拇指置于被鉴定人肘部肱二头肌腱上,然后另一手持叩诊锤叩击拇指,观察肱二头肌是否收缩,前臂是否快速屈曲。传入神经为肌皮神经内的感觉纤维,反射中枢为颈 5～6 脊髓灰质,传出神经为肌皮神经的躯体运动纤维,效应器为肱二头肌。正常反应为肱二头肌收缩,产生屈肘动作。肱二头肌反射异常,提示上述反射弧有损害。

(2) 肱三头肌反射:嘱被鉴定人外展前臂,半屈肘关节,检查者以一手托住其前臂,另一手以叩诊锤直接叩击鹰嘴上方的肱三头肌腱,观察肱三头肌是否收缩,前臂是否伸展。正常反应为肱三头肌收缩,肘关节伸直。肱三头肌反射的反射弧的反射中心在颈 6～7 节,由桡神经传导。肱三头肌反射异常,提示上述反射弧有损害。不合宜人群:手臂残疾或本身有伤的患者。检查前禁忌:检查前要放松手臂。检查时要求:检查者用叩诊锤叩击时力度要适宜。

(3) 桡骨骨膜反射:嘱被鉴定人前臂置于半屈半旋前位,检查者以一手托住其前臂,并使腕关节自然下垂,另一手以叩诊锤叩击桡骨茎突，用叩诊锤叩击该侧桡骨茎突上 2 cm 处，观察肱桡肌是否收缩，是否发生屈肘和前臂旋前动作。正常反应为前臂旋前、屈肘。若发现该侧前臂屈曲不明显，而出现手指屈曲，即为桡骨膜反射倒错，是特殊的反射表现。由于主动肌瘫痪收缩力变小，刺激传入脊髓前角后发生扩散，同时引起拮抗肌的收缩；或由于主动肌的瘫痪，引起拮抗肌的牵张反射所致。见于颈髓 5～6 的病变。

（4）膝反射：嘱被鉴定人仰卧，检查者以一手托起其膝关节使之屈曲约 60°，另一手持叩诊锤叩击膝盖髌骨下方股四头肌腱，观察小腿是否伸展。

（5）跟腱反射：嘱被鉴定人仰卧，髋及膝关节屈曲，下肢取外旋外展位，检查者一手将被鉴定人足部背屈成角，另一手以叩诊锤叩击跟腱，观察腓肠肌是否收缩，足是否向跖面屈曲。

（6）阵挛：常见的有踝阵挛和髌阵挛。检查踝阵挛时，嘱被鉴定人仰卧，髋与膝关节稍屈，检查者一手托被鉴定人小腿，另一手持被鉴定人足底前端，突然用力使踝关节背屈并维持之，观察腓肠肌与比目鱼肌是否发生连续性节律性收缩，足部是否呈现交替性屈伸动作；检查髌阵挛时，嘱被鉴定人仰卧，下肢伸直，检查者以拇指与示指控住其髌骨上缘，用力向远端快速连续推动数次后维持推力，观察股四头肌是否发生节律性收缩，髌骨是否上下移动。

3. 病理反射

（1）Babinski 征：检查方法同跖反射，观察踇趾是否背伸，余趾是否呈扇形展开。阳性反应为足踇趾背伸，余趾呈扇形展开。babinski 征阳性是指锥体束病损时大脑失去了对脑干和脊髓的抑制作用而出现的异常反射。1 岁半以内的婴幼儿由于神经系统发育未完善，也可出现这种反射，不属于病理性。反复刺激足底，有时见各趾均屈曲，有时见多个趾伸展，如果所有各趾均呈伸展位，也应考虑是病理性的。

当刺激足底皮肤时，有时可见几个足趾呈扇形展开，且呈外展位，此时不要立即判断为病理性。当判断不清时，应反复多次检查。

（2）Oppenheim 征：用拇指及示指沿被鉴定人胫骨前缘用力由上向下滑压，观察项目同 Babinski 征。

（3）Gordon 征：用手以一定力量捏压腓肠肌，观察项目同 Babinski 征。

（4）Hoffmann 征：以一手持被鉴定人腕部，以另一手中指与示指夹住被鉴定人中指并稍向上提，使腕部处于轻度过伸位，以拇指迅速弹刮被鉴定人的中指指甲，观察其余四指是否掌屈。

## 五、颈部活动度检查

颈部正常活动的解剖基础主要是全部颈椎及周围韧带、肌肉等，注意有无引起颈部活动障碍的相应颈椎损伤基础，例如寰枢关节脱位、枢椎齿状突骨折、其他颈椎结构损伤等。颈椎的活动分前屈、后伸、左右旋转及左右侧屈，以半圆尺或关节活动测量器检查。颈部活动中立位：面向前，眼平视，下颌内收。颈部活动度为：前屈 35°～45°；后伸 35°～45°；左、右侧屈各 45°；左、右旋转各 60°～80°。

## 六、腰部活动度检查

腰部正常活动的解剖基础主要是下位胸椎和上位腰椎（尤其是胸 11 至腰 3，其中又以胸 12 至腰 2 为主）及周围韧带、肌肉等，胸 10 以上胸椎和腰 4 以下腰椎由于分别受到胸廓结构以及腰骶韧带等诸多稳定性结构的限制，活动度极其有限，其损伤一般不至于明显影响腰部活动功能。注意有无引起腰部活动障碍的相应腰椎损伤基础。腰部活动度：腰椎中立位不易确定，取立正姿势。前屈：测量数值不易准确，患者直立，向前弯腰，正常时中指尖可达足面，腰椎呈弧形，一般称之为 90°；后伸：30°；侧屈：左、右各 20°～30°；侧旋：固定骨盆后脊柱左、右旋转的程度，应依据旋转后两肩连线与骨盆横径所成角度计算，正常为 30°。

考虑多数被鉴定人存在利益心理因素的影响，很难完全配合检查，故测量颈、腰部活动度时应以被动活动度为准。

## 第五节 神经电生理检查

周围神经损伤后的功能评定是法医学鉴定的重要内容，神经电生理检测是定性、定位和定量评定周围神经损伤的客观方法。通过周围神经损伤后不同时间的电生理检测，可以了解周围神经损伤和再生的情况，对周围神经损伤后功能评价、预后评估及鉴定时机的确定具有重要法医学意义。

疑有脊髓或神经根损伤时，可在损伤 2～3 周后进行肌电图检查。肌电图检查应由有专门经验的仪器操作人员或肌电图专家进行。肌电图检查反映脊髓前角细胞以下的运动系统功能。法医鉴定时进行肌电图检查可明确神经受累节段、神经损伤程度，辨别诈瘫。

### 一、针电极肌电图

针电极肌电图（NEMG）是应用电芯同轴针电极直接插入肌肉内，记录肌肉电位活动。当脊髓前角细胞发生冲动时，它所支配的肌纤维发生兴奋、收缩，在肌电图上呈现的电位称为运动单位电位。正常情况下，针电极插入肌肉或移动的瞬间，肌纤维受机械刺激所诱发的电活动，称插入电位。肌肉松弛时，肌电图呈一直线，称电静息。肌肉轻度用力时，肌电图表现为孤立、相互分离的单个运动单位电位，称单纯相。随着肌肉从弱向强收缩，参加活动的运动单位数量增多，电位数量相应地由单个逐渐增多并相互混合，称混合相。肌肉重度用力时，肌电图上会出现多个运动单位重复发放，称干扰相。周围神经损伤后，由于失神经支配的肌纤维膜对机械刺激的应激性增高，针电极插入肌肉或移动时会出现大量电位，这些电位在针电极停止移动后不会立即消失，即表现为插入电位延长。同时肌纤维失去神经系统抑制性调节作用后，体内乙酰胆碱的敏感性增高而发生自发性兴奋，也会产生失神经电位或自发电位(纤颤电位和正相电位等)。由于周围神经损伤后运动单位数量减少，肌肉强收缩时，运动单位电位可呈电静息、单纯相或混合相。

正相电位是一个起始为正相波，继之伴随一个时限较宽、波幅较低的负相波。它可以随插入电位出现，也可以自发发放，其波幅变化范围较大，一般在 10～100 μV，有时可达 30 mV，发放频率多为每秒 0.5～10 Hz，有时高达 30 Hz。纤颤电位是一种起始为正相波而后为负相波的双相波，时程为 1～5 ms，其波幅和发放频率与正相电位相同。

在神经再生及恢复过程中，NEMG 会出现新生电位、复合电位和再生电位。新生电位是指在基线上起伏小的成簇电位。复合电位是指随着新生轴突支配肌纤维数目增多，但由于兴奋时不能完全同步，而表现为宽时限的多相电位。再生电位是由恢复较好的多数肌纤维兴奋形成的一个大波和同步性较差的少数肌纤维形成拖延的次波组成。如果周围神经完全恢复正常，则表现为正常运动单位电位。

在脊柱损伤的法医学鉴定中，纤颤电位和正相电位是诊断周围神经损伤的定性指标，其数量多少常与损伤程度和病程有关。一般在神经变性后，即神经损伤后 14～20 天出现，可持续若干年，直至神经完全修复或肌肉纤维化失去兴奋性才消失。另外，根据周围神经支配区异常肌电位分布的特点，还可确定神经损伤的范围与平面。新生电位、复合电位、再生电位及其波幅能从一定角度反映再生的程度，但感觉的恢复与神经生长情况并不完全一致，感觉神经恢复的程度与年龄密切相关。

对于神经源性和肌源性等周围神经损伤及癔症和不合作者，NEMG可以进行鉴别。神经源性者，通常纤颤电位在失神经肌肉中发生得较早，而正相电位发生得较晚，或者两者同时出现，并且运动单位电位的波幅和时限均增大；肌源性者，运动单位电位的波幅和时限均减小，多相电位百分比增高；癔症患者和不合作者会有阵发性的不规律运动单位发放，肌力时强时弱，但记录不到自发电位。

## 二、单纤维肌电图

单纤维肌电图(SFEMG)是1963年由Stalberg和Eksedt首先建立的一项检查技术，通过记录部分直径只有25 μm的特殊针电极，选择性地记录单个肌纤维的动作电位或属于同一运动单位的两个或两个以上的锁时电位，可以帮助了解运动单位肌纤维的空间排列、范围、显微生理和病理生理过程。颤抖、阻滞和纤维密度是SFEMG的主要参数。颤抖是由动作电位在连续放电期间传递时间上的变异所致，此变异反映了终板的传导情况。阻滞是指神经传导受阻。当神经肌肉传递明显障碍时，SFEMG显示间断性冲动传导阻滞，即神经冲动不能诱发出动作电位。纤维密度是指记录区域内属于同一运动单位的平均纤维数目，与神经再生有关。研究表明，颤抖和阻滞在外伤后2周内增加，神经再支配时纤维密度增加，但在重症肌无力中纤维密度通常是正常的。肌纤维密度的中度增加以及含有变化棘波的不稳定动作电位提示失神经支配和再支配的活跃过程，而肌纤维密度增高但构型稳定则提示慢性疾病。一块肌肉内只有多个运动终板发生传导阻滞时，临床上才会显示出肌无力。

SFEMG 不仅可用来评估运动单位的功能状态、再支配的程度以及神经肌肉接头的功能，还有助于某些神经病变和肌肉病变的鉴别。神经病变表现为纤维密度增高，颤抖增宽，并伴有阻滞；肌肉病变则表现为纤维密度增高，伴有轻度的颤抖增宽，通常不伴有阻滞。但应注意鉴别由于缺血和应用止血带所造成的颤抖。SFEMG 比传统肌电图更加敏感，即使患者服用了胆碱酯酶抑制剂，其检测结果仍有可能异常，并且其出现异常的时间往往比 NEMG 早，因而有利于发现亚临床型患者。SFEMG 是检测重症肌无力、Lambert-Eaton 肌无力综合征和其他神经肌肉接头病变最敏感的方法。另外，SFEMG 可用来随访神经外伤后的再支配过程，指导外科修复的手术时机，帮助确定损伤时间和神经功能恢复情况。

## 三、巨型肌电图

巨型肌电图(MEMG)是在 SFEMG 的基础上改革了电极装置而建立的一项检测技术。此技术利用同心圆针电极和单纤维针电极套管作参考电极，通过足够数量的连续放电，应用平均技术从背景电信号中提取出整个运动单位的动作电位。与常规的 NEMG 不同的是，MEMG 可以记录整个(或大部分)运动单位所有肌纤维的电活动。虽然 MEMG 采集的面积较大，但受记录部位皮下组织厚度和肌肉大小等影响，难以区别单个运动单位电位。运动单位的大小可随神经、肌肉的病理变化而改变，是诊断和监测神经、肌肉病变的重要指标。MEMG 有助于鉴别神经源性和废用性肌肉萎缩。在神经源性肌肉萎缩中，MEMG 运动单位动作电位的波幅降低、纤维密度增高，而在废用性肌肉萎缩中，MEMG 运动单位动作电位的波幅降低、纤维密度则不变。

## 四、表面肌电图

表面肌电图(SEMG)又称动态肌电图(DEMG),是从肌肉表面引导和记录的神经肌肉系统生物电变化的电信号,经过计算机处理后观察对肌肉功能状态具有特异性和敏感性的时域和频域变化值。SEMG 在神经肌肉病变功能评估中常用的指标有:肌电积分、平均功率频率、中位频率、过零率、平均肌电值和波幅。李青青等对 SEMG 的信度研究显示:无论静态收缩还是动态收缩,SEMG 的基本参数平均功率频率、中位频率、过零率稳定可靠,变异范围很小,频域指标较时域指标的信度更高。波幅指标在一定程度上反应肌力的大小,可用于分析肌肉在单位时间内的收缩特性。Onishi 等对肌电积分值与肌力和肌张力之间关系的研究表明:肌肉随意静力收缩时,用表面电极测定的肌电积分值与肌力和肌张力均呈正相关。在临床和法医学鉴定中,一直采用肌力分级评价法如徒手肌力法、肌肉痉挛度检测法等来评定受试者肌肉功能状态,但由于检测效度的主观性和检测结果难以精确定量而受到一定的限制和置疑。SEMG 可以客观地评定肌力及肌张力,它的电信号源自大脑皮层运动区,是众多外周肌肉运动单位电位的总和,信号的振幅、频率等特异性变化取决于运动单位募集和同步化程度等中枢控制因素以及肌肉兴奋传导速度等外周因素。

## 五、神经传导速度

神经传导速度(NCV)是指神经冲动通过一定距离的神经组织的速率。NCV 包括运动神经传导速度和感觉神经传导速度。运动神经传导速度(MCV)也称复合肌肉动作电位,是在神经干两个不同的端点分别刺激神经,记录其支配肌肉的运动反应,通过两个刺激点引出的运动反应潜伏期差与两点间的距离之比,反映神经冲动经过神经、神经肌肉接头和肌纤维本身的传导过程。感觉神经传导速度(SCV)也称感觉神经电位,是记录感觉神经间隔一定距离沿神经传入方向(顺向)或逆传入方向(逆向)的神经电位,通过刺激点与记录位置间的距离和潜伏期之比,反映神经冲动在感觉神经干上的传导过程。Bromberg 等研究表明,NCV 能够定性、定量和定位地诊断周围神经损伤,是判定神经连续性的重要指标。NCV 存在,提示神经连续性存在;NCV 减慢,提示神经部分损伤;NCV 未引出,提示神经完全损伤。由于病变段 NCV 和病变以上部分 NCV 反应不同,因此,可以分段测定周围神经,进而确定周围神经损伤的部位。

## 六、体感诱发电位

体感诱发电位(somatosensory evoked potential,SEP)是以脉冲电流刺激神经干,在中枢、神经干的另一端或其支配区记录出诱发的动作电位,包括 SEP 和运动诱发电位(MEP),其中 SEP 最常用。SEP 是指脉冲电流刺激混合神经干、指(趾)皮肤感觉神经末梢后,在特定神经通路的任何部位检出的电位变化。SEP 检测具有非损伤性,操作简便、准确可靠,不受年龄、睡眠和镇静剂的影响等特点,是周围神经损伤客观诊断的又一种检测方法。目前常用的是短潜伏期 SEP,主要反映感觉神经中粗感觉纤维传入冲动上行至皮层的电活动,借此可以了解外周神经至皮层感觉中枢相应部位的功能状态。SEP 由于是皮层记录,具有中枢放大的作用,因此,周围损伤神经仅剩 10 根直径为 10 μm 以上纤维时仍可诱发出 SEP。SEP 分为稳态 SEP 和瞬态 SEP。临床常规检测的上肢和下肢 SEP 都是瞬态 SEP。SEP 异常主要表现为潜伏期的异常和波幅的改变,其中潜伏期的变化更为敏感,也更有价值。SEP 波幅因个体差异较大,不同个体之间有时难以比较,因此自身对照意义更大。瞬态 SEP 按其各成分的峰潜伏期长短又可分为短、中、长潜伏期SEP，中、长潜伏期SEP受患者主观意识状态影响较大，而短潜伏期SEP很少受患者主观意识的影响，电位各波相对有较固定的潜伏期，反应形式恒定，因此临床应用较广。吴蓉等对NCV与SEP的相关性进行分析表明，NCV测定异常者的SEP检测均有异常，两者间具有明显相关性。SEP异常表现为受损神经一级体感皮质原发反应峰潜伏期记录延长或消失，同名神经两侧峰潜伏期比较差异显著。

近年来的研究还表明，P40潜伏期延长率可以反映感觉神经纤维损伤及再生情况。神经全断缝合后观察神经再生时，SEP恢复最早，术后3个月即可出现，早于EMG与临床表现。另外，SEP不受神经损伤解剖位置的限制，可以作为运动神经系统上位神经元损伤的客观辅助检测的间接证据。

瞬态SEP有助于判断脊髓损伤的程度、范围和预后。瞬态SEP与脊髓损伤程度之间相关性较好。脊髓损伤引起深感觉障碍时，相应的瞬态SEP出现异常，而仅有浅感觉障碍时瞬态SEP多无异常。完全性脊髓损伤时，脊髓失去传导功能，下肢瞬态SEP的一级体感皮质原发反应不能引出。不完全性脊髓损伤的脊髓休克期，下肢瞬态SEP的一级体感皮质原发反应波幅降低，潜伏期延长。脊髓半横贯伤时，感觉正常的一侧下肢瞬态SEP波幅较对侧升高。脊髓中心性损伤时上肢功能障碍重于下肢，由上肢瞬态SEP较下肢明显。根据颈膨大和腰膨大的瞬态SEP可大致判断脊髓损伤的范围。胸、腰段脊髓损伤时，可同时检测上肢和下肢瞬态SEP，颈段脊髓损伤尚需同时检测脊髓诱发电位以协助定位。在脊髓损伤急性期或早期瞬态SEP可引出者一般预后较好。

上肢检查正中神经、尺桡神经，下肢检查股神经、胫后神经及腓总神经。通过SEP可以检测脊髓的感觉通道有无传导功能，从而判定脊髓损伤为完全性或不完全性。

## 七、运动诱发电位

运动诱发电位(Motor Evoked Potentials, MEP)系刺激大脑皮质,通过脊髓运动通道,在其支配之上肢肌肉或下肢肌肉引起收缩,从而表明脊髓运动通道是否存在。继体感诱发电位后,MEP 为检查运动神经系统功能而设计的一项神经电生理学检查方法。作为一种无创伤性的检测手段,MEP 广泛应用于运动神经系统疾病的诊断、术中监护和预后估计。

在法医学鉴定中,对于脊髓、周围神经损伤,除根据具体情况进行相应神经电生理检测外,还应结合其他临床表现综合评定。

# 第四章 脊柱影像学检查

行脊柱X线、CT或MRI等影像学检查，明确骨折或脱位的部位、类型，注意椎管内有无占位，脊髓有无受压迫，脊髓有无异常信号等。

## 第一节 X线检查

脊柱X线检查主要有平片和脊髓造影。注意摄片时应嘱被鉴定人深吸气后屏住呼吸。

X线平片检查是脊柱损伤影像检查最普通、最常用的方法。由于骨结构是体内X线衰减系数最大、密度最高的组织，且与其他组织之间有良好的对比，加上检查方法简便、价格便宜，因此，X线平片检查是脊柱损伤影像检查的首选方法。根据检查需要，选择合适的投照体位。平片包括颈椎、胸椎、腰椎及骶尾椎正侧位、斜位等摄片。

正位片可显示脊柱有无侧弯，两侧横突大小有无异常及骨折，棘突有无偏斜，椎间隙两侧是否等宽及侧向滑脱，椎体结构及序列，椎体有无骨折变形，椎弓根、关节突关节形态是否有变化，椎弓根间距是否增宽，椎旁软组织变化等。颈椎正常钩椎关节间隙为2mm，骨折增生时可致钩椎关节间隙变窄，压迫神经。

侧位片可观察脊柱的曲度，有无后凸畸形，椎体结构及序列，椎体有无骨折变形及压缩程度，椎间隙的宽窄，椎间孔的形态及大小（特别是腰段），椎管前后径测量，寰枕关节等。寰齿前间隙在成人正常宽度为 1～2 mm，在儿童可宽达 4 mm。当成人大于 3 mm，儿童大小 4.5 mm，并有临床症状者，有临床意义，应诊断半脱位。

正侧位均可显示骨小梁结构及骨密度变化。

左右斜位片可观察颈椎椎间孔大小及周围骨质结构变化，当出现骨质增生等退行性改变或椎体滑移时，椎间孔变窄，椭圆形结构消失。可观察腰椎椎弓、峡部有无骨折、断裂及椎关节突骨折、增生、肿瘤骨质破坏等。

过伸过屈位片是功能位片，用于观察脊柱某段椎体间稳定性，要与常规侧位对比，做动态观察。

开口正位片，用于观察颈 1 双侧侧块以及颈 2 齿突和椎体。正常情况下，两侧寰齿关节间隙对称或稍不对称，但寰枢两侧块的外缘在同一垂直线，当寰枢两侧侧块的外缘参差不齐时，考虑寰枢关节半脱位。

## 第二节　CT 检查

计算机断层扫描（CT）为横断影像，克服了平片结构重叠、软组织分辨率低的缺点，具有检查方便、图像清晰、密度分辨率低，无创等优点。缺点是部分容积效应、组织特异性差，有金属物体区域会形成严重的硬化伪影等。

## 一、CT 常规检查方法

CT 平扫、增强扫描和 CT 重建。

### （一）CT 平扫

一般为横断面扫描，根据重点观察部位需要，设定扫描层厚、扫描层次，应用软组织窗、骨窗分别观察骨性结构和软组织结构。扫描厚度一般为 3 mm。

### （二）增强扫描

静脉注射水溶性碘造影剂后再进行扫描的方法，可观察椎体、附件骨质破坏后病变组织增强情况、周围软组织侵犯范围及程度、脊柱病变、畸形与周围血管关系等，对肿瘤、炎症的诊断和鉴别诊断有一定的作用，但对于成骨性病变扫描仍有一定的局限性。

### （三）CT 重建

1. 二维重建

(1) 多平面重建(MPR)：矢状面、冠状面以及任何斜面的二维重建，可以很好显示椎间盘病变，不受脊柱侧弯、生理曲度变化影响；对椎管形态的观察更加直观；矢状面、冠状面可完整显示椎体的边缘轮廓及骨质情况，对椎体边缘的骨质增生均显示清晰，对椎体和附件骨折的观察更加全面，对轻度骨裂骨折亦能较好显示；斜位亦能很好地显示双侧椎间孔及椎弓椎板，对腰椎滑脱者可清楚显示滑脱程度及有无椎弓断裂和小关节突病变；可以完整地显示前后纵韧带、黄韧带、项韧带的钙化。不足之处是难以表达复杂的空间结构关系。

(2) 曲面重组(CPR)：是一种特殊的多平面重组方式，根据器官、组织的走行方向描划曲线，可以在图像中得到弯曲物体的全长。由于颈胸腰椎均有一定的曲度，常规冠状位重建图像很难在同一平面显示所有椎体，沿椎体中心、椎体后缘及椎管分别行 CPR 可以较好地显示脊柱的冠状位情况。缺点是容易造成假阳性。

2. 三维重建

(1) 脊柱容积重组再现(VRT)：是一种创建彩色图像的方式，能清晰显示脊柱轮廓形态、椎体及附件，且层次分明，立体感强，通过调整不同 CT 值阈值范围，还可以显示周边软组织结构。

(2) 表面遮盖显示(SSD)：是一种构建单个感兴趣区的三维结构模型，能较好地显示表面轮廓，但对深部结构微小骨折不及 MPR 及薄层 MIP 敏感，无法在组织密度方面进行细微区分，表面只能显示单一组织密度。

(3) 最大密度投影重组(MIP)：在三维显示图上对每条射线上的最高密度进行编码，无 CT 阈值选择，在脊柱病变中显示效果大致同 X 线片，但可以旋转多方位观察。薄层 MIP 通过调整模块厚度、窗位、窗宽及适当的旋转，也可以很好地显示椎体、附件骨质结构，且有一定的立体感，主要用于观察脊柱术后金属钉位置及走行方向。

## 二、CT 特殊检查方法

### (一) CT 脊髓造影

CT 脊髓造影(CTM)是将造影剂注入蛛网膜下腔后进行 CT 扫描，利用蛛网膜下腔造影剂显影对比硬膜囊形态及其内的脊髓等结构，可较准确地观察椎管形态、测量椎管各径线和侧隐窝大小、椎间盘膨出及突出，特别是能确诊椎间盘突出，确定椎管狭窄的原因及程度。但由于必须行蛛网膜下腔穿刺及有造影剂过敏反应的可能，随着 MRI 出现及发展，临床上已少用。

### (二) CT 引导下椎间盘造影

这是在 CT 监视下将一定剂量造影剂注入椎间盘髓核的一种微

创检查方法，根据是否诱发出和平时性质、程度相同的疼痛表现，可鉴别是否有间盘源性痛。另外，根据注入造影剂的剂量和分布范围可判断纤维环撕裂程度。

## 第三节 MRI 检查

骨折磁共振成像（MRI）是利用生物体内的氢质子在强磁场内对射频信号吸收和发射的过程进行成像的技术，对人体无射线损伤，软组织分辨率高于 CT，可直接多平面成像，成像参数多，脉冲序列多，对于组织结构和病变能够提供较 X 线、CT 检查更多的信息。MRI 检查包括矢状面及横断面成像，常用 T1WI、T2WI、抑脂序列、质子加权技术等。

### 一、脊柱 MRI 方法

1. *MRI 基本序列*　主要包括 $T_1$ 加权成像和 $T_2$ 加权成像两种基本的成像序列。各种组织 $T_1$ 值和 $T_2$ 值都不相同，从而形成对比。病理状态下，组织成分或分布发生改变，在 MR 图像上其信号强度或形态结构会发生相应的变化，使病变组织与正常组织之间形成良好的图像对比，是 MRI 诊断疾病的基础。MR 可以多方位直接成像，可以根据需要进行不同角度的调整，易于显示解剖学中各组织器官的毗邻关系，便于病变的定位及判断与周围组织结构的毗邻关系。

2. *脂肪抑制技术*　在进行脊柱 $T_1$ 和 $T_2$ 加权成像中，常配合使用脂肪抑制技术，能够更加突出病变信号，提高 MR 成像的敏感性；在增强扫描时可以突出病变强化的程度；与非抑脂序列比较，可以判断病变内是否有脂肪成分，有利于病变的定性；硬脊膜外间隙有一定量脂肪成分，使用脂肪抑制技术能更好地显示该区域病变范围。

3. *增强扫描* 临床上常用的MRI造影剂是顺磁性造影剂钆-二乙三胺五乙酸，它具有很强的顺磁性，在较低的浓度下会引起组织 $T_1$ 信号的增高。在一定范围内信号强度的变化与造影剂浓度呈线性关系，进入组织的造影剂越多，增强效果越明显，通过观察强化的程度来推测病变的血液供应状态以及血脑屏障的破坏程度。一般情况下，病变恶性程度越高，强化越明显，血管源性病变强化明显，囊性病变内部无强化，炎性病变也有不同程度强化。骨皮质在MRI上为低信号，骨松质在 $T_1$ 脂肪抑制序列上为低信号，使用MRI增强配合使用脂肪抑制技术，病变的强化呈高信号，而CT图像骨质为高密度，增强难以精确显示增强的程度和范围。

4. *三维成像序列* 可以进行任意角度和方向的重建，不需要采集各个方向的图像，简化了图像的采集过程。传统的MR扫描为二维成像，层面较厚，对细节的显示能力有限，三维成像可以进行高空间分辨力的薄层扫描，提高对解剖细节的显示能力。三维曲面重建极大地方便了椎体形态及其相对位置和脊髓形态的显示，达到在同一层面内显示全脊柱椎体和脊髓的效果。

5. *磁共振脊髓造影*（MRM） 是利用 $T_2$ 加权序列结合脂肪抑制技术，使背景信号减低，脑脊液信号更加突出，获得高质量的蛛网膜下腔影像，显示出脊髓、圆锥、马尾、神经根及神经根轴等结构，还可以显示椎管外较长的脊神经节段，对于显示臂丛神经和腰神经的细节和走行较好，因方便、快捷、无损伤且不需要造影剂等优点而广泛应用于临床。腰段脑脊液往复运动较其他节段轻微，故腰段MRM图像质量最好。临床上主要用于观察病变与神经根关系，包括椎间盘病变对神经根、脊髓、硬膜囊造成的压迫，外伤后神经根的损伤以及神经根的先天变异等方面。

6. 磁共振类PET成像　是一种全身的扩散加权成像技术。通过监测水分子的扩散运动，在抑制背景组织信号的基础上，突出显示病变部位的弥散加权对比，大大提高了病变组织，尤其是恶性病变及其转移灶的检出率。主要应用于发现脊柱的转移性病变，有助于发现原发病灶以及淋巴结转移病灶，评估肿瘤TNM分期。

### 二、MR检查的禁忌证

安装心脏起搏器或体内有金属异物（钛或钛合金除外），不能平卧配合检查的危重患者，幽闭恐惧症患者等。另外，还有可能损坏人工耳蜗。

## 第四节　脊柱的影像学检查认定原则

### 一、椎体骨折

椎体骨折分为压缩性骨折和粉碎性骨折，两者的区别主要基于脊柱外科临床医学实践中广泛采用的“三柱”理论，该理论将脊柱各节按解剖范围划分为前、中、后三柱，前柱包括前纵韧带、椎间盘与椎体的前2/3；中柱包括椎间盘和椎体的后1/3及后纵韧带；后柱包括椎弓根、椎板、关节突及周围的韧带等。

椎体压缩骨折在正位影像上显示椎体两侧不等高、侧位影像上呈楔形改变，椎体中央还可能显示致密线影、椎体前缘折角、椎体上缘下陷、椎体前上缘出现帽沿征等。椎板及椎体附件骨折在X线平片上可见线形透亮影，横突骨折可见分离移位，上、下关节突损伤一般以脱位多见，行CT扫描有助于明确认定。

判定椎体属单纯压缩骨折或者粉碎骨折应行 CT 扫描。

椎体新鲜骨折在 MRI 图像上通常显示椎体楔形改变，且椎体内可见斑片状等或低 T1WI、高 T2WI 信号影，抑脂序列 STIR 呈高信号影，在骨折后数月逐渐消退。

1. 单纯压缩骨折　多由过度屈曲及轴向外力作用所致，暴力作用于椎体前上部致椎体变扁、压缩呈楔形变，仅造成椎体前柱的骨皮质断裂。CT 轴位扫描显示椎体前部骨质被挤压向周边移位，椎体上部骨皮质不完整，骨松质因压缩而增密，骨小梁排列紊乱，但骨折线一般仅限于累及脊柱前柱。

2. 胸、腰椎椎体骨折压缩程度的判断标准　通常根据椎体前缘压缩程度或者压缩最明显处判定；压缩程度可以采用同一椎体前缘与后缘比较，同一椎体压缩最明显处高度与正常前、后缘或正常部位的高度相比，或与相邻正常椎体比较，但应依据胸椎与相邻胸椎比较、腰椎与相邻腰椎比较的原则。如果椎体前、后缘均有降低，首先测量损伤椎体上、下相邻的椎体的前、后缘高度并分别取均值，作为损伤椎体前、后缘高度的推测正常值，再根据损伤椎体目前高度（如前缘压缩更为严重，则以前缘高度降低值为依据）和相应部位推测正常值，计算压缩程度；还可以椎体实际压缩最为显著的部位作为测量点，与相邻上、下同节段椎体相应部位高度的平均值或相邻同节段椎体相应部位高度（同节段首、尾椎体损伤时）进行比较，计算压缩程度。因椎体前、后缘常并不等高，且中老年人因长期慢性应力性损伤致椎体变形或骨质增生退变等，在鉴定中应注意多种方法联合应用，综合判定。

3. 椎体骨折压缩程度的测量方法　椎体高度的测量宜拍摄脊柱侧位 X 线片，或采用 CT 技术完整显示脊柱形态。影像学检查摄片范围除受伤椎体外，还应至少包括上、下节段各一个完整椎体的影像信息，尤其应包含同类节段椎体的影像信息。具体测量方法：分别在待测椎体上、下作切线，标记上、下切线与椎体前、后缘的切点，分别测量前、后上下切点间距，就可得出椎体的前、后缘高度，与上下切点连线作平行线，可测量压缩最显著处高度。

4. *椎体粉碎性骨折* 多系遭受来自纵轴的垂直暴力作用或联合矢状轴的屈曲暴力作用所致。可分为以下几种情况：① 椎体两处或两处以上骨折累及中柱（如骨折线累及椎体后缘），但椎管仍保持完整，未见椎管前壁受损坏及椎管骨性占位的影像学证据；② 椎体骨折累及中柱达椎体后缘，椎管前壁完整性遭到破坏，有碎骨块（片）突入椎管内对硬脊膜囊造成压迫，可能造成相应脊髓的损伤或存在潜在脊髓损伤的风险；③ 椎体两处或两处以上骨折，以中柱损伤为主，累及后柱，此类情形相对少见；④ 骨折仅发生于椎体前柱（累及中柱的影像学证据不足），但确证有两条以上骨折线（如形成 T 或 Y 型骨折）并造成椎体（前柱）碎裂成 3 块以上，可视为椎体粉碎性骨折的一种特殊情形。若椎体前柱虽可见两处以上骨折线，但椎体并未断裂成 3 块或 3 块以上，仍应视为压缩性骨折。

爆裂性骨折是粉碎性骨折的一种类型，多系遭受纵向暴力作用所致，CT 轴位扫描可显示 X 线平片与 MRI 不易发现的骨折线和碎骨片，骨折线累及脊柱中、后柱，或因碎骨块向后突入椎管内致椎管结构不完整，可伴有硬膜囊、脊髓或脊神经根受压。

5. *脊柱畸形* 脊柱的严重损伤常造成脊柱外观的破坏，遗留脊柱畸形，因此正确测量脊柱外观并判断其畸形程度具有重要意义。脊柱损伤后经过治疗，多数可完全或大部分恢复原有的生理弯曲，但对于部分损伤严重、椎体高度丢失严重者，或者存在手术适应证但因种种原因未能及时采取手术治疗者，也有可能遗留一定的外观畸形，主要包括后凸和或侧弯畸形。值得注意的是，由于人体胸椎以胸 7 为顶点形成生理性后凸，一般胸椎严重压缩性骨折后容易形成后凸畸形外观；而颈椎、腰椎本身为生理性前凸，即便存在压缩性骨折，也很难形成后凸畸形外观。另外，椎体骨折后恢复椎体高度是脊柱外科治疗的重要目标，在经过规范系统的治疗后目前已罕见脊柱后凸畸形，尤其是超过 30°的情形。

脊柱测弯角度的具体测量方法：① 采用 X 线或 CT 扫描并图像重组的方法拍摄脊柱标准全长的正位相。② 确定侧弯的端椎。上、下端椎是指侧弯中向脊柱侧弯凹侧倾斜度最大的椎体。脊柱侧弯凸侧的椎间隙较宽，而在凹侧椎体间隙开始变宽的第一个椎体被认为不属于该弯曲的一部分，因此其相邻的一个椎体被认为是该弯曲的端椎。③ 在上端椎的椎体上缘、下端椎的椎体下缘各划一切线，对此两切线各作一垂直线。④ 两垂直线的交角为 Cobb 角，脊柱侧弯角度由此角而得（对于侧弯较明显者，上述两切线的直接交角可等同于 Cobb 角）。

脊柱后凸角度的具体测量方法：在损伤椎体上、下缘分别作切线，两条切线的交角（一般在椎体前方）就是后凸角度。

脊柱新旧损伤的鉴别：脊柱新旧损伤鉴别主要依靠的技术手段为完善的、动态的影像学检查，主要是 CT、MRI。CT 虽然在临床诊疗机构已较为普及，但仍常存在采用扫描技术不符合要求的情形，如层太厚、未显示骨窗图像、影像资料打印时图像太小等，因此，鉴定时需要委托人提供充分、全央、清晰的 CT 扫描图像。通过比较不同时期 CT 扫描影像学特征的动态变化，有助于判断是否符合新鲜骨折及其愈合期改变。例如损伤当时或早期，骨折椎体可显示骨皮质不连续，呈现骨折线，且骨折端清晰锐利，骨小梁塌陷紊乱，椎旁软组织肿胀等。X 线、CT 检查对椎体骨折的新旧有时很难鉴别，对少数椎体骨折外形改变不明显的，即隐匿性骨折，极易漏诊。MRI 检查对椎体新旧骨折的判断具有非常高的价值，新鲜的椎体损伤因出血、水肿而具有典型的影像学特征，包括椎体内呈斑片状低 T1W1、高 T2W1 信号，抑脂序列呈异常高信号等，这些信号异常在损伤数月之后逐渐消失。磁共振能够及时反映骨折的情况及其骨折愈合的不同时期，能有利地鉴别椎体骨折的新鲜与陈旧，同时能及时地发现隐匿性椎体骨折。新鲜压缩骨折MRI表现为T1WI低信号或稍低信号，T2WI为等或稍高信号，STIR为高信号。陈旧压缩骨折MRI表现为T1WI、T2WI、STIR与正常椎体信号一致。

## 二、脊柱椎间盘突出

1. 影像学检验方法

外伤性椎间盘突出多与特殊类型的外力作用（纵向旋转暴力）有关，单纯过度屈曲或过度伸展很少能直接引起椎间盘纤维环破裂而致髓核突出。影像学检查推荐CT及MRI。

2. 影像学认定标准

直接征象：椎管前缘于椎间盘层面可见超出椎体边缘的、呈均匀光滑的软组织密度影。

间接征象有：① 硬脊膜囊外脂肪间隙移位、变窄或消失；② 硬脊膜囊前缘或侧方及神经根受压移位；③ 无相应椎体骨质增生硬化、髓核压迹及椎间盘钙化等。

影像学认定原则为：① 必须有脊柱外伤史；② 椎小关节相应影像学检查证据，MRI检查存在脊柱周围软组织挫伤或椎体骨挫伤有助于支持认定；③ 相应椎体无明显退行性改变；④ 多个运动节段椎间盘突出常见于脊柱退行性改变。

## 三、脊椎滑脱

1. 影像学检验方法

脊椎滑脱指上面一个椎体及其整个节段向前滑动。先天发育异常、退行性改变及外伤等，均可致脊椎滑脱。因脊椎先天发育异常而发生的，为椎弓崩裂；因退行性变引发的，称脊柱不稳；由于外伤所造成的，多为椎弓和/或椎小关节突骨折、脱位所致。影像学检查推荐 X 线摄片（包括椎体正侧位、双斜位及功能性侧位）及 CT 扫描，也可选择 MRI 检查。

2. 认定标准

X 线平片认定标准：斜位 X 线平片能显示“苏格兰狗颈断裂征”的椎弓骨折征；“苏格兰狗颈断裂征”系指在椎弓崩裂 时，峡部可出现一带状裂隙征象。功能性侧位片以判断椎体滑脱程度。椎体不稳滑脱的 X 线诊断标准：有过伸、过屈位片上向前或向后位移大于 3 mm，或终板角度变化大于 15°；正位片上侧方移位大于 3 mm；椎间盘楔形变（>5°）。

CT 认定标准：椎弓和/或椎小关节突骨折征象，并 CT 软组织窗显示为偏心的“椎间盘膨隆”，即同一椎间盘在某个层面向某一方向“膨隆”，而在其相邻的上一个或下一个层面却向相反的方向“膨隆”，这种“膨隆”呈新月状。该征象是由于椎间盘与相邻的上下椎体均不在同轴面上所致。椎小关节“双关节面征”均为脊柱滑脱的征象。

MRI 认定标准：矢状面成像类似 X 线侧位片的影像观，可显示硬脊膜囊、脊髓受压的征象。

# 第五章　脊柱损伤

脊柱损伤是指脊柱受到直接或间接暴力所致的脊柱骨、关节及相关韧带伤，常伴有脊髓和(或)脊神经损伤。

决定脊柱损伤是否形成有五个因素，包括：脊柱的材料特性、脊柱的结构特性、载荷形式、加速度和载荷大小。材料特性主要涉及椎体、韧带、椎间盘、关节突等结构的力学性能；结构特性是指脊柱结构的大小、形状、位置及其对脊柱稳定性的影响；而载荷从形式、加速度和大小三个方面对损伤施加影响，包括屈曲、压缩、拉伸、扭转、剪切。脊柱损伤往往是多种载荷形式联合作用的结果，当载荷量超过脊柱自身承受范围时，脊柱的稳定性遭到破坏，脊柱失稳定，损伤形成。

脊柱损伤可见于多种暴力性损伤，道路交通事故所致脊柱损伤，多是由于发生撞车或翻车或是由于急速刹车导致人体与车本身、人体与车外物体或者人体与车内物体的碰撞。道路交通事故发生后，人体接受暴力，传导至脊柱。脊柱对载荷的反应因所受加载速度不同而不同，所受暴力越大，则载荷量也越大，对脊柱造成的损伤也越大。脊柱损伤因不同部位的损伤而表现不同，胸腰椎损伤主要症状为局部疼痛，站立及翻身困难；腹膜后若有血肿，可刺激腹腔神经节，出现腹痛、腹胀及肠麻痹症状。对于老年人，由于骨质疏松，即使暴力不大，也可以引起脊柱的严重损伤。脊柱损伤，局部表现为疼痛、活动受限。当脊柱损伤合并脊髓结构和功能损害时，可导致损伤平面以下脊髓的功能障碍，表现为瘫痪，感觉、运动功能障碍或丧失，严重者甚至死亡。合并脊髓损伤者，患者预后较差，恢复较慢，可因部位不同而表现不同。

由于脊柱解剖结构及受伤机制的复杂性，使脊柱损伤的分类目前尚无统一的方法。主要的分类方法有：根据损伤病程，分为早期脊柱损伤（损伤 3 周以内）、陈旧性脊柱损伤。根据脊柱稳定程度，分为稳定性损伤和不稳定性损伤。脊柱是否稳定取决于中柱，而非后方的复合结构，中柱破坏则脊柱不稳定。还有可根据脊柱损伤病程、部位、脊柱的稳定性分类；依据生物力学和损伤机制分类。上述几种分类方法虽各有其不同的侧重，但均侧重于为脊柱损伤的救治及治疗服务。本书结合法医学鉴定实践，根据损伤部位和类型分为颈椎损伤、胸腰椎损伤、骶椎损伤、尾椎损伤、骶髂关节损伤、脊髓损伤。

## 第一节　颈椎损伤

颈椎是脊柱活动性最大的关节，周围缺乏坚强的保护，极不稳定，且颈椎的体积、强度均较其他椎体小，故轻微损伤即可造成严重后果。根据其解剖特点分为上、下颈椎损伤。

### 一、上颈椎损伤

上颈椎损伤指枕-寰-枢椎复合体任何结构损伤。常见以下类型：

1. *枕骨髁部骨折*　高速行驶的车祸伤是枕骨髁部骨折最常见的原因。Anderson 根据造成损伤的暴力类型，如轴向压缩、直接撞击、剪切或侧屈暴力，将枕骨髁骨折分为三种损伤类型（图 5－1）：Ⅰ型为轴向载荷引起的枕骨髁撞击压缩性骨折，受伤机制与寰椎的 Jefferson

骨折相似。骨折是爆裂性或粉碎性的，但移位不大，对寰枕关节的稳定性影响不大。Ⅱ型是头部受到直接打击而引发的波及枕骨髁的颅底骨折，以线状骨折多见，很少为粉碎性骨折，是稳定性骨折，常为枕部受到直接撞击所致。Ⅲ型是由于剪切、侧屈、旋转暴力或共同作用，导致翼状韧带张应力增大，引起枕骨髁的撕脱性骨折，翼状韧带的功能丧失使寰枕关节失稳。Ⅰ、Ⅱ型为稳定性损伤，Ⅲ型为潜在不稳定性损伤。临床表现为意识改变，枕部疼痛或压痛，颅椎区运动障碍，底部脑神经麻痹，咽后壁肿胀，可有长束体征及椎基底动脉缺血表现。X线诊断率低，CT(颅椎区)诊断率为100%。

Ⅰ型

Ⅱ型

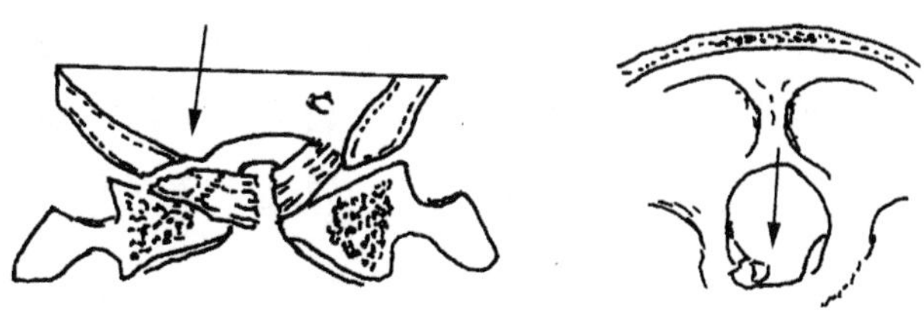

Ⅲ型

**图5-1　枕骨髁部骨折型**

2. 寰枕关节脱位及半脱位　寰枕关节是一个连接头颅和脊柱的特殊组织结构，解剖结构复杂，由很多骨骼韧带组成，主要包括寰椎、枢椎、寰椎横韧带、齿状突尖韧带及关节囊等。寰枢椎关节面略呈轴位，无椎间盘，周围韧带丰富，齿状突作为中间的骨性连接结构，发挥着重要的旋转轴作用。因此，寰枢关节是脊柱中最灵活的关节，但其稳定性也存在一定问题，容易发生脱位。当关节发生移位但又未完全脱位时就被称为寰枢关节半脱位。

寰枕关节脱位是外伤导致寰椎和枕骨分离的病理状态，是一种极少见的损伤，因为寰枕之间韧带强度极大，但并非罕见的致命性外伤，患者多在事故现场死于脑干横贯性损伤，故只能从尸体解剖出现的畸形加以推测。枕骨髁和寰椎侧块的上面构成寰枕关节，为杵臼关节，允许颅颈交界区有屈伸活动。枕骨髁的形状仅能对寰枕关节起有限的骨性稳定作用，枕寰之间的稳定性主要由复杂的韧带结构来保障，韧带共分两组，一组连接枕骨与寰椎，包括寰枕关节囊和前、后、侧寰枕膜；另一组连接枕骨和枢椎，包括覆膜、翼状韧带和齿突尖韧带。寰枕关节的稳定性主要有赖于覆膜与翼状韧带的完整。覆膜起自枢椎，止于枕骨大孔的前缘，可以防止颅颈交界区的过度伸屈。翼状韧带由齿状突的两侧到枕骨髁，可以防止颅颈交界区过度侧屈和旋转。尸体研究发现，当切断覆膜与翼状韧带后寰枕关节，即失去稳定性。Alker推测枕寰脱位的基本机制是过屈，但 Bucholz 相信寰枕关节前脱位的机制是过伸和纵向牵张，还有人认为由于枕寰内在旋转的局限性可能会导致的伴有或不伴有侧屈的强制性旋转是这种损伤的基本原因。在暴力作用下，覆膜与翼状韧带断裂，可以发生单纯的韧带损伤，也可以合并枕骨髁骨折。

临床表现：差异很大，可以没有任何神经症状及体征，也可以表现为颈部疼痛、颈椎活动受限、低位脑神经麻痹（特别是展神经、迷走神经和舌下神经)、单肢瘫、半身瘫、四肢瘫和呼吸功能衰竭。

诊断:X线检出率不高,诊断依据有严重的椎前软组织肿胀、颅底点与齿突尖的距离加大和枕骨髁与寰椎侧块的分离。CT薄层扫描及冠状面影像重建可确诊(图5-2)。颅椎区CT检查发现椎管内出血灶是诊断寰枕关节脱位的一个间接依据。

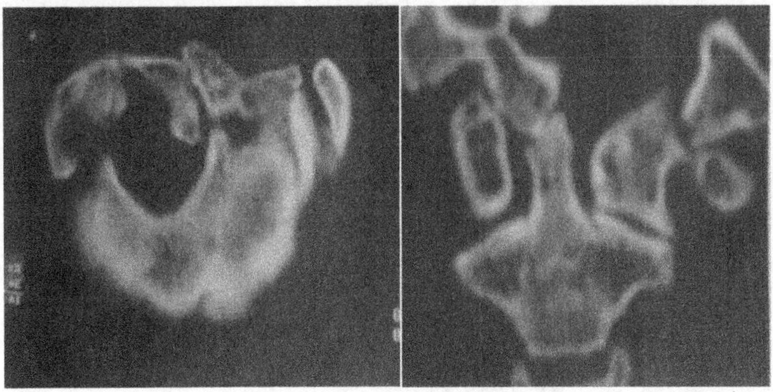

**图5-2 CT显示寰枕关节侧方脱位**

3. 寰椎骨折　寰椎骨折常伴发颈椎其他部位的骨折或韧带损伤,占脊柱骨折的1%～2%,占颈椎骨折的2%～13%。最常见的致伤原因是高速车祸,其他如高处坠落、重物打击、与体育运动相关的损伤。

损伤机制:一般认为是轴向压缩暴力,暴力垂直作用于头顶部,将头颅压向脊椎时,作用力由枕骨髁传递到寰椎,寰椎在膨胀力的作用下断裂。有以下7种类型(图5-3):① 爆裂骨折型,又称Jefferson骨折,为轴向载荷通过枕骨髁传递至颈1的上关节面,导致寰椎前后弓各有两处断裂成四块,是最常见的类型,少有出现神经症状。临床实践中典型的Jefferson骨折少见,两处寰椎骨折最多见,其次是三处骨折。② 后弓骨折型,通常为过伸性损伤的结果,颅底撞击寰椎后弓或寰枢椎后弓互相撞击容易导致寰椎后弓骨折,常与齿突骨折、创伤性枢椎前滑移等相关。③ 粉碎骨折型，常为轴向压缩暴力和侧屈暴力共同作用的结果，同侧前后弓骨折并有横韧带的撕脱骨折。这些骨折似乎常导致不愈合，功能预后很差。④ 前弓骨折型，为过屈性损伤所致，寰枢关节固定，颈 1 前弓紧邻齿突，有撕脱块。⑤ 侧块骨折型，为轴向载荷和侧向压缩所致。⑥ 横突骨折型，可为单侧或双侧，为撕脱骨折或侧屈暴力所致。⑦ 前结节撕脱骨折型，为过伸性暴力致颈长肌寰椎前结节附着点的撕脱骨折。各种损伤机制可以单独或合并发生，形成各种类型的骨折。

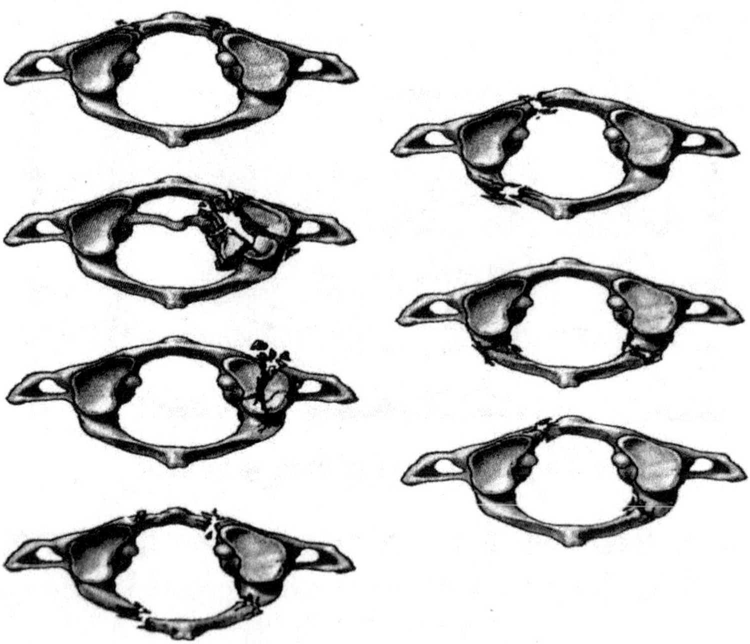

图 5－3　寰椎骨折的各种类型

寰椎骨折可以出现在寰椎前、后弓，也可以出现在寰椎侧块。当寰椎前、后弓均断裂时侧块将发生分离，寰椎横韧带在过度的张力作用下断裂。横韧带撕脱骨折的发生率占寰椎骨折的 35%。如果前弓的两端均断裂，将会出现寰椎向后失稳；如果仅寰椎后弓的两端均断裂，对寰枢关节的稳定影响不大。

诊断：在颈椎侧位片可以看到寰椎后弓的骨折，但骨折位于后弓与侧块结合部则可能看不清。如果前弓骨折，侧位片可以看到咽后壁肿胀，但需注意伤后 6 小时左右才会出现。开口位可以观察寰枢椎侧块的对位情况，如果寰椎侧块向外移位，说明有寰椎骨折。Spence 等发现当左右两侧块移位总计达到 6.9 mm 时提示寰椎横韧带断裂。有时开口片还可以观察到寰椎横韧带在侧块附着点的撕脱骨折。CT 可以观察寰椎的全貌，确定骨折位置以及横韧带的撕脱骨折(图 5－4)。

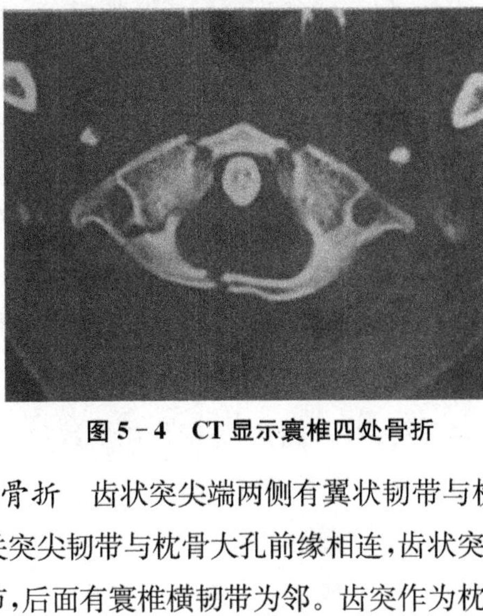

**图 5－4　CT 显示寰椎四处骨折**

4. *齿状突骨折*　齿状突尖端两侧有翼状韧带与枕骨髁相连，起自齿状突尖的齿关突尖韧带与枕骨大孔前缘相连，齿状突前面与寰椎的前弓构成寰齿关节，后面有寰椎横韧带为邻。齿突作为枕-寰-枢复合体的骨性中轴，是维持局部稳定和颈部活动的重要结构，齿突骨折将直接导致局部的解剖及生理功能破坏，形成寰枢椎不稳、颈部活动功能受限，或者骨折移位造成脊髓损伤而出现神经系统症状。目前损伤机制仍不清楚，一般认为颈部屈曲、过伸和旋转均可致齿突骨折。有学者研究生物力学表明，水平剪切力与轴向压缩力的共同作用是造成齿突骨折的主要机制。

根据齿状突骨折的部分，分以下三型(图 5－5)：

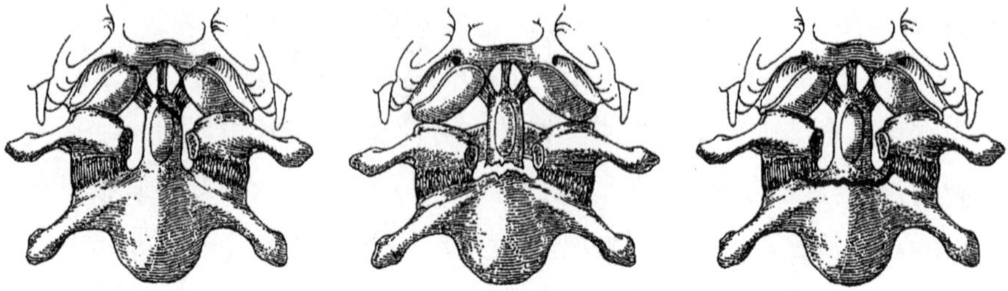

Ⅰ型　　Ⅱ型　　Ⅲ型

**图 5－5　齿状突骨折分类**

注：Ⅰ型—齿突尖骨折；Ⅱ型—齿状突腰部骨折；Ⅲ型—经枢椎体的骨折。

Ⅰ型为齿突尖的骨折，通常为斜形撕脱骨折，为翼状韧带、齿突尖韧带牵拉所致。最少见，约占齿状突骨折的 5%左右。虽然发生率低，且很少单独存在，但其可能预示枕颈间的不稳定。此类骨折有致命的危险，但幸存者多数除颈部疼痛和活动受限外，没有明显的脊髓损伤的临床症状及体征，其 X 线片所见撕脱骨折的移位不明显，骨折线多为斜形，边缘较锐利、清晰。

Ⅱ型为齿状突腰部的骨折，骨折线一般位于齿突与枢椎椎体交界处。比较多见，约占齿状突骨折的 60%，是由于头颅过度屈曲或后伸，齿突受前方的寰椎前弓或后方的横韧带作用所致，X 线片可见齿状突向前或向后的移位。多发生于齿突的中下部(腰部或基底部)，可能是由于齿突基底部在解剖结构上较细，且皮质骨薄弱，松质骨较多，同时多数齿状突的腰部有一明显的狭窄(由于横韧带多数覆盖在齿状突中下部)，容易发生骨折。若骨折为粉碎性，又划分成ⅡA 型。

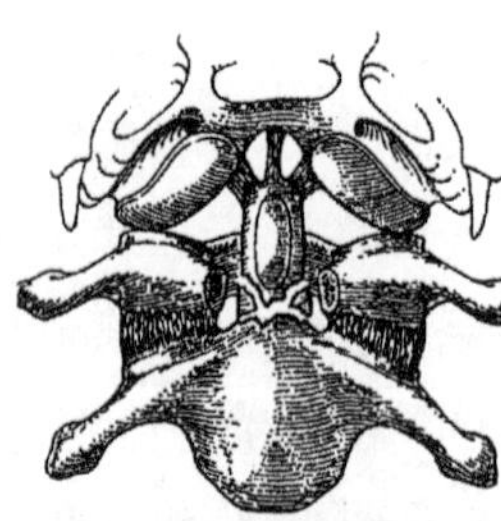

ⅡA 型

**图 5－6　齿状突腰部粉碎性骨折**

Ⅲ型为经枢椎体的骨折，约占30%，骨折线下延至枢椎的椎体骨松质、侧块。该型骨折部位血运丰富、骨折断端常有嵌插以及骨松质的良好愈合潜能，因而骨不连发生率相对较小。

从解剖形态看，Ⅰ型骨折属于稳定性骨折，对颈部活动功能的影响小；Ⅱ型及Ⅲ型骨折属于不稳定性骨折，对颈部活动功能的影响较大。

临床表现：有如高处坠落、车祸、摔伤等明确外伤史，伤后颈部疼痛、活动受限。约25%的患者有神经损伤，多数神经损伤较轻，这是因为齿状突所对应的部位为脊髓的呼吸及心跳中枢，如果神经损伤较重，则在事故当时或送医途中死亡。

诊断：根据颈部外伤史、临床症状以及影像学资料可明确诊断。由于齿突局部解剖结构相互重叠，普通的正侧位X线平片检查难以显现骨折线，采用张口位X线片，一般可显示齿突骨折的类型和侧方移位的程度。但齿突骨折的伤者多因疼痛致配合度较差，漏诊率可达47.2%。CT可进行轴位、冠状位、矢状位等多平面扫描及三维重建，提高了轴位图像对平行于X线束的骨折线及轻度半脱位的诊断率，同时也可避免齿突与寰椎及面颅骨重叠的影响，并可显示骨折移位的方向和距离。同时，CT扫描的速度快，可减少扫描过程中因疼痛移动引起的伪影。因此，CT检查是齿突骨折最佳的影像诊断方法。MRI可清晰地显示骨折移位造成脊髓的损伤及受压情况以及邻近软组织损伤的情况，矢状位MRI可清楚地显示骨折部位和前后移位情况，水平位可显示寰椎横韧带完整性，对齿突小骨与齿突新鲜骨折的鉴别更具诊断价值。

5. 寰椎横韧带损伤　寰椎横韧带位于枢椎齿突的后方，两端附着于寰椎侧块内结节上，将齿突束缚于寰椎前弓的后面，其腹侧与齿突后面相接触的部位有纤维软骨，韧带在此处增厚，并与齿突构成寰齿后关节。横韧带长度约20 mm，中间部最宽，约10.7 mm，接近两侧块的附着部最窄，约6.6 mm，韧带中点部位的厚度约为2.1 mm。寰椎横韧带几乎完全由胶原纤维构成，仅有少量的弹性纤维以疏松结缔组织的形式包绕在韧带表面，韧带的中部没有弹性纤维。横韧带由侧块内结节附着点走向齿突的过程中逐渐变宽，纤维束以约 30°角互相交叉形成网状，这种组织结构使得以胶原纤维为主体的横韧带也具有一定程度的弹性，在张力作用下横韧带可以拉长 3%。屈颈时由于横韧带被拉长，寰椎前弓与齿突间可以有 3 mm 的分离。寰椎横韧带是维持寰枢关节稳定的最重要的韧带结构，其作用是限制寰椎在枢椎上向前滑移。当头颅后部突然遭受暴力使寰椎前移，横韧带受齿突切割可能发生断裂。

临床表现：横韧带断裂后寰椎前脱位可能会出现脊髓损伤，通常来不及抢救而死于呼吸肌麻痹所致的呼吸衰竭，即多数当场死亡，临床上见到的外伤性横韧带断裂病例大多数没有神经损伤。Dickman 将寰椎横韧带损伤分为两种类型(图 5－7)：Ⅰ型是横韧带实质部分的断裂，不能自行愈合(韧带无修复能力)；Ⅱ型是横韧带由寰椎侧块附着点的撕脱骨折。

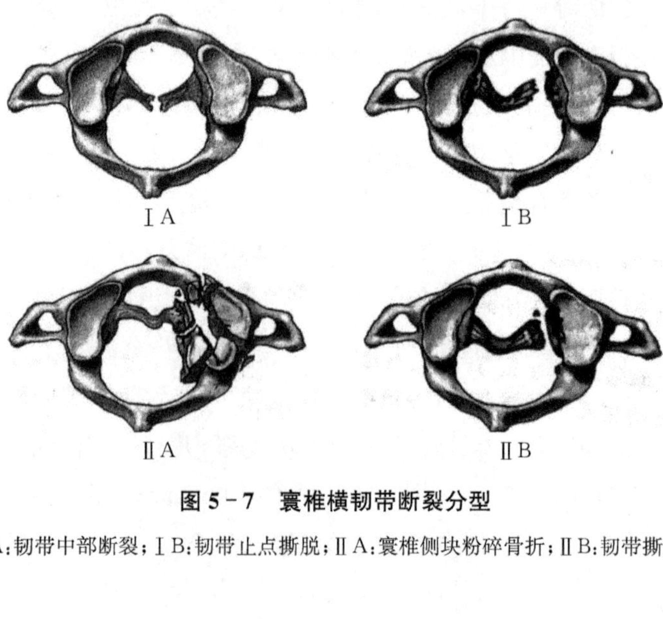


**图 5－7 寰椎横韧带断裂分型**

ⅠA：韧带中部断裂；ⅠB：韧带止点撕脱；ⅡA：寰椎侧块粉碎骨折；ⅡB：韧带撕脱骨折

诊断:X线平片无法显示寰椎横韧带,但可以从寰枢椎之间的位置关系判断其完整性。最常用的方法是观察屈颈侧位片上的寰齿间距,当寰椎前弓后缘至齿突前缘的距离超过 3 mm(儿童超过 5 mm),即可判断寰椎横韧带断裂(图 5-8)。CT 也不能直接观察,但可以发现韧带在侧块附着点的撕脱骨折(图 5-9),此时韧带虽然完整但已失去功能。MRI 用梯度回波序列成像技术可直接显示横韧带结构,其断裂表现为韧带内有高强度信号、解剖形态中断和韧带附着点的积血等。

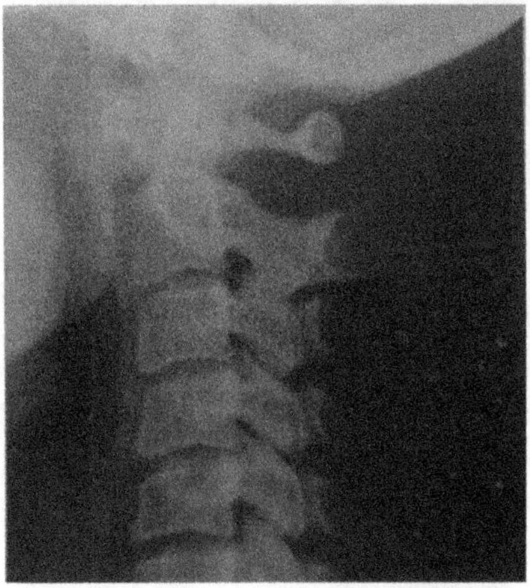

**图 5-8　颈椎侧位见寰齿前间隙增大**

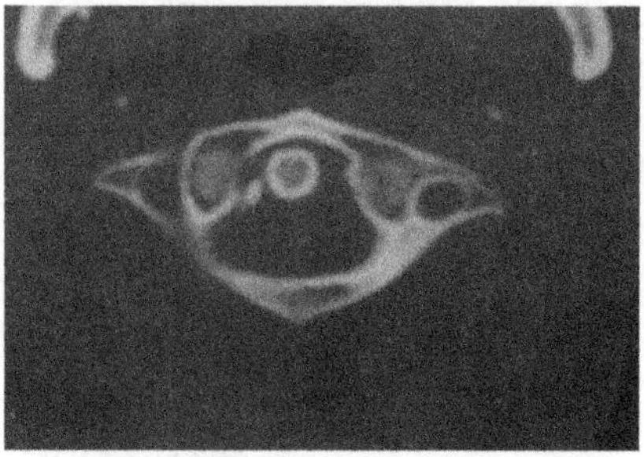

**图 5-9　CT 见横韧带附着点撕脱骨折片**

6. 寰枢关节脱位　寰枢关节脱位是指寰枢关节在超强外力的作用下出现骨或韧带结构的断裂,使关节的活动范围超过正常限度。寰枢侧块关节的上下关节面均为凸面,便于寰椎围绕着齿突旋转。寰枢关节是脊柱中旋转活动范围最大的关节,也是稳定性相对薄弱的关节,最大旋转角度两侧合计 80°以上,整个颈椎大约 55%的旋转动作发生在寰枢关节。对寰枢关节起稳定作用的韧带有横韧带、关节囊韧带、翼状韧带和覆膜,其中横韧带最粗大、最坚韧,是起最主要作用的韧带。寰枢关节脱位分前脱位、后脱位和旋转脱位三种情况。

寰枢关节前脱位，屈曲旋转时，由于寰椎横韧带断裂，齿突状后方失去阻挡，寰椎前移，寰齿关节间隙增大（图 5－10），齿突压迫脊髓造成损伤。

当寰椎前弓两端骨折（图 5－11），前弓失去对齿突的约束，会出现寰椎后脱位。寰枢关节后脱位可以仅表现为颈痛而没有脊髓损伤症状，也可以有严重脊髓损伤呈现四肢瘫痪。如果脱位没有得到及时治疗，可出现迟发性脊髓损伤。

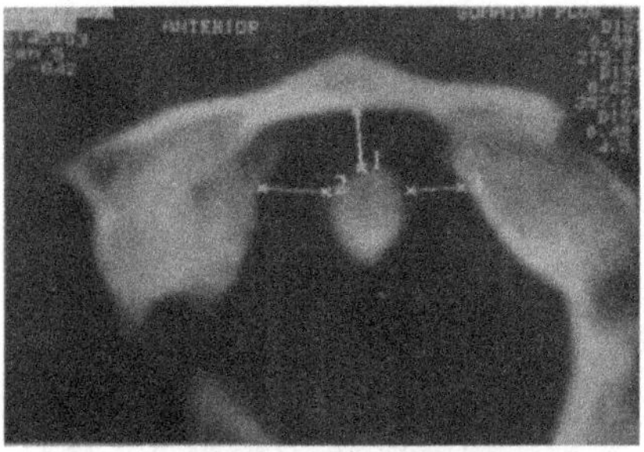

**图 5－10 CT 显示寰齿前间隙增大**

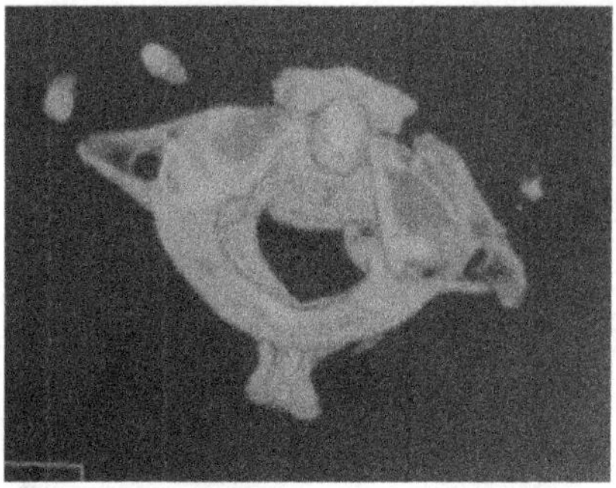

**图 5－11 三维重建 CT 见寰椎前弓两端骨折**

当齿突骨折后，寰椎可以前脱位，也可以后脱位（图 5－12）。

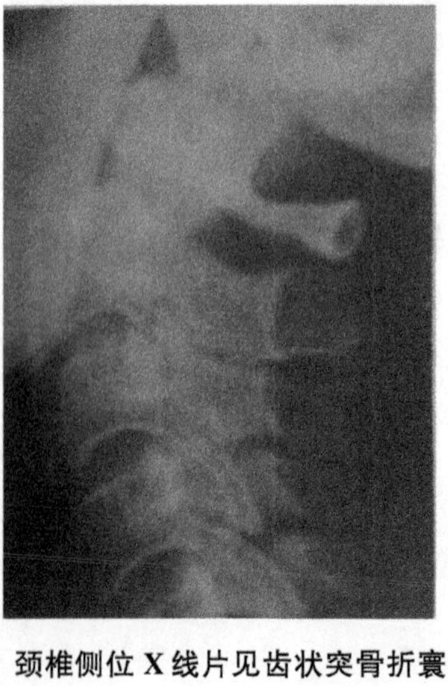

**图 5－12 颈椎侧位 X 线片见齿状突骨折寰椎后脱位**

寰枢关节旋转脱位，是指过度的轴向力矩作用于寰枢关节复合体，使关节向一侧旋转超过 68°，将可能造成翼状韧带和关节囊韧带断裂，导致寰枢关节旋转脱位，形成一种旋转不稳定状态。寰枢关节以齿突为轴心旋转，在旋转过程中椎管变窄。寰椎椎管的直径大约为 3 cm，齿突占 1/3，脊髓占 1/3，余为空间。当寰枢关节旋转至 64°时椎管的矢径只剩下 1 cm，可能会出现脊髓压迫，但临床上寰枢关节旋转脱位的病例很少有脊髓损伤的。在寰椎横韧带完整时，寰枢关节旋转 65°才会造成双侧寰枢关节完全脱位，并出现椎管显著狭窄，存在脊髓损伤可能；但在横韧带缺失时，寰枢关节仅旋转 45°就可以造成单侧寰枢关节完全脱位及类似结果。寰枢关节旋转固定是寰枢关节固定在向一侧旋转的状态，颈椎向对侧活动受限，固定角度在正常范围内。如果固定角度超过正常范围，则应称为寰枢关节旋转固定性脱位，是寰枢关节旋转脱位未得到及时复位的结果。如果没有暴力外伤史，旋转固定常因咽部的炎症引起，由于炎症产生的疼痛在颈椎向一侧旋转的姿势下得到缓解，从而出现了保护性的斜颈姿势，久之关节囊、韧带和肌肉挛缩形成斜颈畸形。

寰枢关节旋转固定主要发生于幼儿和青少年，由于上呼吸道炎症等原因引起，多表现为旋转性半脱位，但常为自限性，大多数病例随炎症的消退疼痛缓解，旋转固定会自然恢复。成人寰枢关节旋转半脱位或脱位尤为严重，多由车祸引起，常合并一侧或双侧侧块某部位的骨折，为屈曲和旋转暴力所致。寰枢关节旋转脱位的典型表现为斜颈，下颏转向一侧，头向对侧倾斜，主动或被动向对侧转头难以超过中线。

诊断：侧位片可观察寰齿前间隙，开口位可观察齿突根部的骨连续性。CT 可直接显示齿突骨折、横韧带两端的撕脱骨折等。平片及静态 CT 诊断意义不大，应做动态 CT 检查区分寰枢关节旋转固定及固定性脱位。

寰枢关节半脱位定性问题一直存在分歧，齿突侧块间隙不对称被部分学者作为寰枢关节脱位或半脱位的主要诊断依据。有些正常人存在齿突侧块间隙不对称，主要见于有先天性发育、头颈单侧肌群的收缩牵拉、长期患慢性咽喉炎或颈部炎症的小儿和患类风湿关节炎的成人等。因此，寰枢关节双侧齿突侧块间隙不对称不能作为寰枢关节半脱位的诊断依据。寰齿前间隙是指寰椎前弓后缘至齿状突前缘的间隙距离，其内主要填充了寰椎横韧带，在维持寰枢椎复杂的结构及功能中起主要作用，当横韧带发生断裂或受损时，寰椎将前移。因此，寰齿前间隙始终是寰枢关节半脱位影像学诊断最常用、最准确的指标。目前公认的标准为：成人超过 3 mm，儿童超过 4 mm。MRI 检查能够直接显示横韧带，对于寰枢关节半脱位提供了较好的诊断依据。

寰枢关节水平错位主要表现在侧块下寰枢关节侧移或后移，齿状突与寰椎侧块固定在一个不对称的位置上。旋转固定主要表现为枢椎纵轴与寰椎纵轴不一致，或与寰椎横轴不相垂直，旋转体位亦不能纠正。单纯齿状突偏位一般不影响寰枢轴线，即使爆裂骨折的情况下，此轴线也不易改变。临床上生理性齿状突偏位并不多见。病理性齿状突偏位则主要由于寰枢关节侧移或相关韧带的损伤。因此，诊断寰枢关节旋转半脱位的重要依据应包括旋转固定和水平错位。

7. 枢椎椎弓骨折　枢椎椎弓骨折是指发生于第 2 颈椎椎弓部的骨折，由于首先在受绞刑尸体上发现，又名绞刑骨折。现代此类骨折多见于交通伤以及坠落伤的患者，又称为创伤性枢椎滑移等。枢椎椎弓骨折非常危险，但大多数患者并不伴有神经症状。

临床上分如下三型(图 5 - 13)：

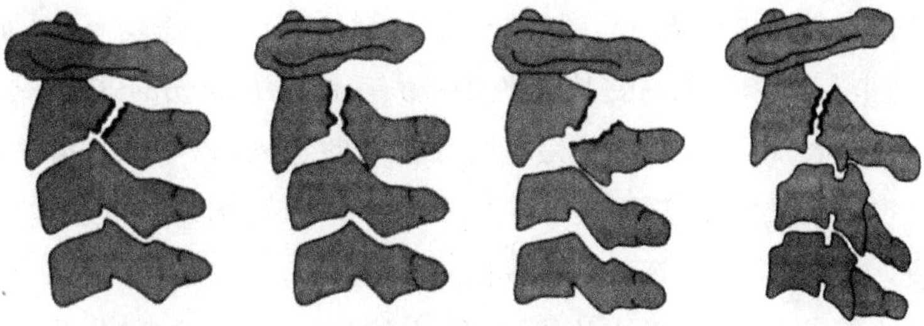


**图 5-13 枢椎椎弓骨折分型**

Ⅰ型为稳定型骨折，约占 28.8%。骨折无移位或移位很小(小于 3 mm)，无成角畸形。为双侧上下关节间的骨折。颈 2/3 椎间盘及前后纵韧带保护完整。损伤机制是由于头过伸的同时受轴向的载荷所致，不少患者合并上颈椎的其他骨折。

Ⅱ型为不稳定型骨折，约占 55.8%。移位超过 3 mm(测量颈 2/3 椎体后下缘间距离)。颈 2/3 椎间隙有成角，提示椎间盘以及后纵韧带损伤。损伤机制是由于最初的过伸造成枢椎椎弓骨折，继之，屈曲力造成后纵韧带及椎间盘的撕裂。屈曲力也可造成颈 3 椎体前上缘的压缩骨折。过度的屈曲和前移力可以将前纵韧带自颈 3 椎体前部撕脱，产生移位。

ⅡA 型是Ⅱ型骨折的一种变型，为不稳定型骨折，约占 5.8%，骨折有明显成角而椎体无移位，骨折线通常不是垂直，而是从后上到前下，斜形通过枢椎椎弓，前纵韧带是完整的，纵向头颅牵引不至于引起颈 2/3 间隙的过度增宽，但仍可能加重成角。损伤机制为屈曲牵张所致。

Ⅲ型为不稳定型骨折，约占 9.6%，是损伤最重的一类。枢椎双侧椎弓骨折合并有一侧或双侧小关节的前脱位，可以合并有椎体后部结构的骨折，颈 2/3 间有明显移位及成角。损伤机制主要为屈曲压缩，导致椎弓骨折并向前方延及。此型骨折前、后纵韧带及椎间盘均有明显的损伤，是非常不稳定的骨折，骨折块的移动有引起脊髓损伤的可能。

临床表现：由于枢椎椎弓骨折后椎管的管径相对扩大，生存者中神经损伤的发生率较低，占 6%～10%，大多数为枕颈部不适、颈痛及僵硬，个别有颅神经痛。多数并有头面部损伤。

诊断：主要依靠侧位 X 线片，可以清晰显示骨折线、移位及成角的情况。CT 能够更清晰显示骨折线、移位以及与椎管的关系等情况。MRI 能清晰显示脑干及脊髓损伤受压情况。

8. *枢椎椎体骨折*　枢椎椎体骨折较为少见，骨折部位位于齿状突基底部及双侧椎弓根之间，分为以下三型：

Ⅰ型，骨折线呈冠状面方向。发生机制：① 后伸暴力合并较小的轴向载荷，引起枢椎椎体后部冠状面的垂直骨折；② 主要的轴向压缩载荷及伸展暴力作用于额顶部，引起椎体背侧部位的垂直骨折及颈 2/3 椎间盘前部断裂、颈 2 椎体前下缘撕脱骨折，伴颈 1 和颈 2 大部分椎体的过伸；③ 屈曲暴力加轴向载荷作用于枕顶部，引起颈 2 椎体背侧垂直骨折，椎间盘断裂，颈 2 复合体（寰椎和枢椎大部分椎体）前移和前纵韧带撕裂；④ 屈曲和牵张暴力可引起枢椎椎体后部骨折，椎间盘部分断裂和颈 2 复合体屈曲；⑤ 急性过伸和旋转的暴力。

Ⅱ型，骨折线呈矢状面方向的垂直枢椎体骨折，骨折线可涉及枢椎侧块或上关节突。损伤机制：轴向压缩和侧屈暴力通过枕骨髁传导到寰椎侧块，再传递到枢椎侧块，引起骨折。

Ⅲ型，骨折线呈水平方向的椎体部骨折，实际为齿状突Ⅲ型。

诊断：侧位片和矢状面的断层片对Ⅰ型骨折的诊断非常有用。开口位片和冠状面的断层片对Ⅱ型骨折诊断很有价值。CT 及三维重建可了解骨折的全部信息。枢椎椎体骨折 X 线征象见图 5－14。

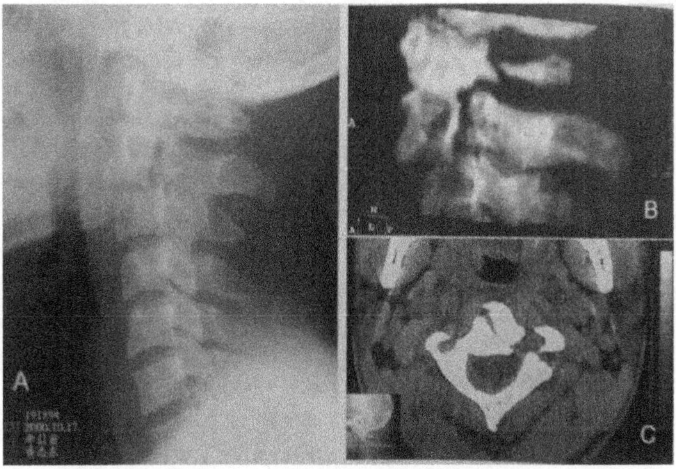

**图 5－14 枢椎椎体骨折 X 线征象**

A、B:枢椎后缘骨折;C:椎椎矢状骨折

临床表现:Ⅰ型骨折的患者伴随神经损伤的概率较高,因枢椎体前半部分连同寰椎移位,而枢椎椎体后侧骨折碎片仍留在原位,从而造成脊髓受压的危险,但也有神经功能完整仅有颈部剧烈疼痛为主要症状者。Ⅱ型骨折的患者一般不伴有神经损伤症状,仅有局部症状,如颈部疼痛、僵硬。

## 二、下颈椎损伤

下颈椎损伤,指颈 3～7 的损伤。下颈椎损伤发病率明显高于上颈椎,其中 60%～70%的病例合并脊髓或神经根损伤。好发部位依次为颈 5～6、颈 4～5、颈 6～7。

### (一) 下颈椎损伤分类

1. 按损伤机制分类　下颈椎损伤大多由间接暴力所致,少数由火器、械斗等直接暴力所致。常见暴力有牵张暴力、压缩暴力、屈曲暴力及旋转暴力等。依据颈椎受伤时体位，有如下几种外力作用表现形式(图 5-15)：

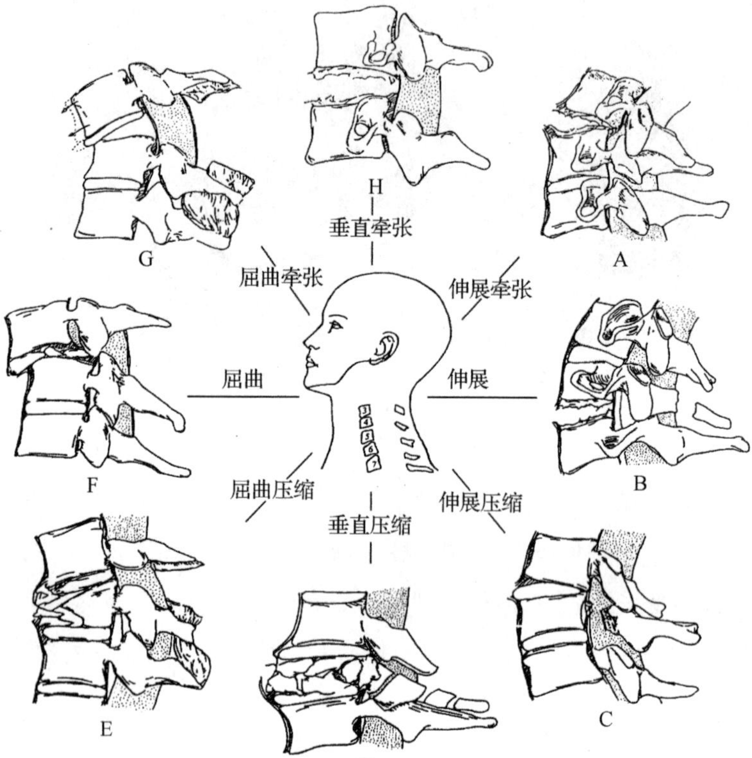


**图 5-15　下颈椎损伤常见暴力作用形式**

(1) 垂直牵张：亦称单纯牵张暴力，指颈椎处于中立位时受到来自垂直方向的纵向牵张暴力，可引起前纵韧带、椎间盘、棘间及棘上韧带等纵行撕裂，为一种极度不稳定性损伤，常合并神经损伤。

(2) 伸展损伤：指颈椎在仰伸状态下遭受外力作用而产生的损伤。依据暴力方向分为：① 单纯伸展暴力，是颈椎遭受极度仰伸暴力所造成的损伤。暴力强度较大时除可引起前部软组织结构的损伤外，还可因棘突相互撞击而引起棘突甚至椎板的骨折。② 伸展牵张暴力，指颈椎在仰伸状态下受到来自纵向的牵张性暴力，可引起前纵韧带、椎间盘损伤。暴力强度较大或作用时间持续时，可引起后方椎板及小关节损伤。③ 伸展压缩暴力，是指颈椎仰伸时受到来自纵向的压缩外力，一般引起前方的前纵韧带撕裂和后方的小关节压缩性损伤。暴力较大时可引起棘突及椎板骨折。

(3) 垂直压缩暴力：指颈椎在中立位遭受来自纵向的压缩性暴力，最为典型的损伤是椎体爆裂性骨折。暴力强度更大时，不仅有骨折块突入椎管内致脊髓损伤，而且还可能引起后方小关节、椎板及棘突的骨折。

(4) 屈曲暴力：指颈椎处于屈曲位时受到外力作用所引起的损伤。依据外力作用方向，分为：① 单纯屈曲暴力，指外力作用下颈椎过度屈曲所造成的损伤，除引起后纵韧带撕裂外，椎间盘多有后突，上位椎体向前移位并易引起小关节的脱位。② 屈曲牵张暴力，指颈椎在屈曲状态下受到纵向的牵张性暴力，后纵韧带等后部结构损伤更重，同时引起小关节脱位。③ 屈曲压缩暴力，指颈椎在屈曲状态下受到纵向压缩外力所产生的损伤，典型表现为椎体的压缩性骨折以及棘间、棘上韧带的断裂。

(5) 侧向压缩暴力：是指颈椎在左右侧屈状态下受到纵向的压缩暴力所致，可出现椎体一侧的压缩性改变，严重者出现单侧小关节损伤。

(6) 旋转暴力：分为屈曲旋转暴力和伸展旋转暴力引起的损伤。屈曲旋转暴力引起的损伤是指颈部在旋转活动中遭受来自纵向的压缩暴力所致，致伤机制复杂，可引起多种混合性损伤。伸展旋转暴力引起的损伤是指颈椎在旋转活动中遭受到伸展暴力所致和单侧关节突常因撞击而骨折。

2. **按生物力学分类** 生物力学稳定性分类缘于Denis的胸腰椎骨折的三柱理论，分为：屈曲压缩性骨折，表现为前柱压缩；爆裂性骨折，多为前中柱同时受伤；骨折脱位，多为三柱同时受损。

3. **按病程分类** 分为急性下颈椎损伤和陈旧性下颈椎损伤。颈椎损伤3周内均属于急性损伤。

4. **按解剖部位分类** 分为颈椎半脱位、关节突脱位、椎体爆裂性骨折、椎体前下缘撕脱性骨折、椎体水平骨折等等。

5. **按损伤后稳定程度分类** 分为稳定型和不稳定型。

### （二）常见的下颈椎骨折

1. **颈椎楔形压缩性骨折** 颈椎楔形压缩性骨折，临床上较为多见。主要由纵向屈曲压缩暴力所致，侧方楔形压缩为侧屈压缩暴力所致。多见于颈5、6椎体，其次是颈4、7椎体。

临床表现：压缩轻者，主要为前柱受累，脊髓及神经根受累较小，脊柱多为稳定，临床症状相对较轻，如颈椎局部疼痛、颈椎活动受限、被迫屈颈体位、抬头困难等。压缩严重者，累及三柱，颈椎成角畸形，出现明显椎节不稳，甚至继发椎节后方小关节半脱位，可使椎管矢状径减少，脊髓受压，并可出现脊髓前中央动脉症候群。累及颈4以上脊髓，则可能出现呼吸困难及中枢性发热以及心血管系统症状。

诊断：X线正侧位片可观察到椎体楔形压缩改变，棘突间隙增宽，损伤段颈椎后突畸形，严重者可有小关节半脱位。CT可清楚显示骨折线走向及椎管占位情况。MRI可显示骨折、后方棘间韧带撕裂出血、脊髓损伤及椎间盘突出或损伤（图5-16）。

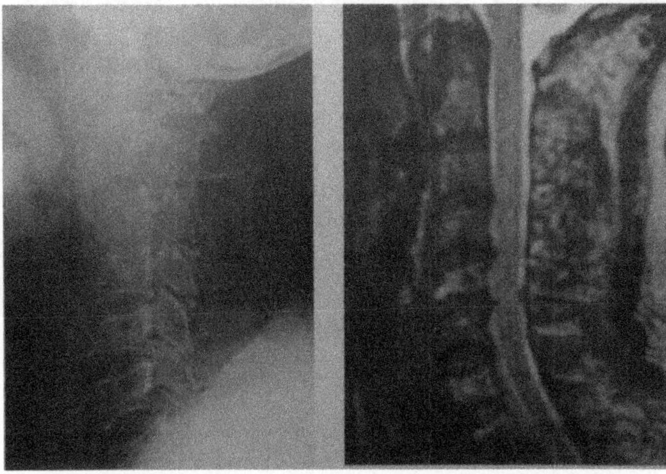

**图 5－16　颈 6 椎体压缩性骨折伴颈 4/5、颈 5/6 椎间盘损伤**

2. 椎体爆裂性骨折　椎体爆裂性骨折较前者少见，为垂直压缩暴力所致，外力作用点常位于头颅顶部，发现头皮撕裂伤有助于判定损伤机制。一般多见于交通事故伤、高处坠落伤、潜泳损伤。多见于颈 5、6 椎体，其次是颈 4、颈 7 椎体。可同时伴有一端或两端终板破裂以及后纵韧带损伤，致骨片常突入椎管内而损伤脊髓及脊神经根。若伴有强烈屈曲外力者，椎弓同时受累，使三柱连续性丧失，稳定性明显受影响。

临床表现：颈椎局部症状较重，伴小关节脱位者，可因脊神经根受压或受刺激引起颈后部及上肢明显疼痛及活动受限。脊髓损伤发生率较高，轻者表现为受损平面以下感觉、运动功能障碍，重者可呈现完全性四肢瘫痪并伴有呼吸功能障碍。

诊断：X 线、CT、MRI 可明确诊断(图 5－17)。

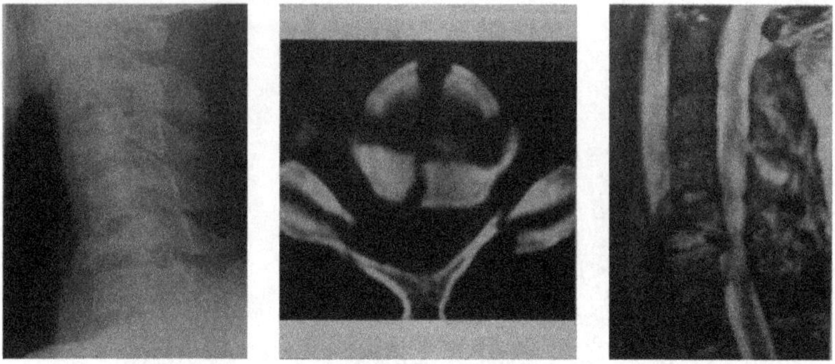

A　　B　　C

**图 5-17　颈 5 椎体爆裂性骨折影像学表现**

A. X 线片侧片位；B. CT 平扫片；C. MRI 片

3. 颈椎小关节骨折　颈椎小关节骨折分为：① 上关节突骨折：比较常见，单侧骨折损伤机制主要为轻度屈曲和旋转暴力作用下，棘间韧带轻度或中度撕裂，通常对侧关节囊至少保持部分完整，上关节突碎片通常与下关节突间仍有韧带连接。同其他旋转损伤一样，椎间盘会部分撕裂。双侧上关节突骨折损伤机制通常为轻度屈曲暴力合并平移，或剪切暴力引起上关节突自椎板连接处断裂。② 下关节突骨折：单侧骨折损伤机制同上关节突骨折，通常发生在椎板连接的基底处，有些可延伸至椎板而伴有严重的椎板骨折，关节囊通常破裂，常会形成青枝骨折或游离的骨折片。双侧下关节突骨折损伤机制同双上关节突骨折，只是暴力较前者小。

临床表现为颈椎局部疼痛及活动受限，尤其是旋转活动明显受限。伴脊髓或神经根损伤者常有不同程度的瘫痪症状。

X 线侧位片上可发现小关节突骨折碎片及明显的移位，正侧位片可见旋转畸形。CT 扫描很难发现骨折迹象，CT 二维矢状重建或三维重建可观察。

4. 颈椎椎板骨折　多为颈椎过伸性损伤或垂直暴力状态下的伴

发伤，罕有单独发生者。根据X线平片及CT扫描可确诊。无脊髓损伤者，保守治疗。椎板骨块内陷压迫颈髓者，需及早行后路手术减压。

5. 颈椎棘突骨折　单纯颈椎棘突骨折在临床上很少见，但颈7棘突长而浅，可因直接暴力发生骨折，且易伴有椎板损伤。临床表现为颈局部的疼痛及活动受限，X线片可显示断裂的棘突。但有时需与颈椎项韧带骨化相鉴别，后者边界清楚，形状一般为规则的卵圆形，棘突多完整，CT扫描可明确。单纯颈椎棘突骨折治疗主要是颈部固定与制动。

6. 颈椎横突骨折　主要由颈部侧方暴力所致，甚为罕见，多伴发颈丛神经损伤。部分病例合并椎动脉损伤可在受伤现场死亡。

（三）下颈椎脱位

下颈椎脱位系由于椎体及小关节的骨性解剖结构和（或）周围的韧带、关节囊的损伤所致的颈椎序列异常或关节咬合关系变位。下颈椎脱位除部分伴发于椎体或关节突骨折外，亦可单独发生。主要包括上下椎体相互移位而产生的椎体脱位以及由于小关节咬合关系变位而产生的小关节脱位。

1. 颈椎前（半）脱位　颈椎前（半）脱位是在头颈过屈状态下遭受垂直或来自后方的暴力引起小关节囊、棘间及棘上韧带的撕裂，上一椎体下关节突在下一椎体的上关节突上向前移动，从而使上位椎体向前方滑移，关节咬合关系发生改变。当关节突尚未出现跳跃、无交锁时称为半脱位，临床多见。临床表现为颈后部局限性疼痛，局部肌肉痉挛。累及脊髓或神经根可表现为运动、感觉障碍。X线侧位片或MRI矢状位（图5－18）可显示上位椎体前移，半脱位时一般不超过25%，完全脱位者可达100%，半脱位者伤段棘突间隙较邻近节段增大，上关节突向上、向前轻度移位，轻度后凸畸形。多数半脱位病例平片上无脱位征象，是因为伤后随着头颈的仰伸而立即复位，但MRI上可显示小关节处及棘间韧带的出血、肿胀等特征。由于颈椎前方半脱位不稳定，可随着头颈的仰伸而复位，故临床上不易诊断，易误诊为颈部扭伤。

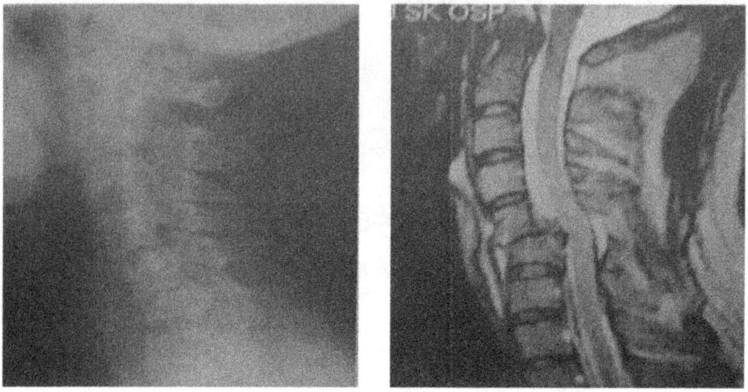

A　　　　B

**图 5－18　颈椎前脱位**

A. 侧位片；B. MRI 矢状位片

2. 颈椎后脱位　临床上少见，属于严重过伸性损伤之一，其多伴有脊髓受损及软组织的广泛性损伤。作用于面、额及颏部的暴力强度超过前纵韧带的承受力时，前纵韧带首先断裂；随着暴力持续，椎间盘亦破裂，同时后方小关节移位、关节囊撕裂，从而使上位椎体下缘在下位椎体上缘向后移位而出现典型的颈椎后脱位。临床表现为额面部外伤，颈后部小节处疼痛、活动受限等，约 80％以上的病例出现脊髓中央管症候群或脊髓前中央动脉受压症候群，前者主要表现为上肢重于下肢的四肢瘫痪、感觉分离及反射异常，后者主要表现为痉挛性四肢瘫痪。X 线侧位片（图 5－19）可显示椎前阴影增宽，椎间隙前部增宽，椎体前（下）缘有撕脱性骨折，上位椎体向后移位，上下关节突之间距离增大，但由于多数病例伤后均自行复位，临床上很少见到典型的 X 线表现，不易诊断。

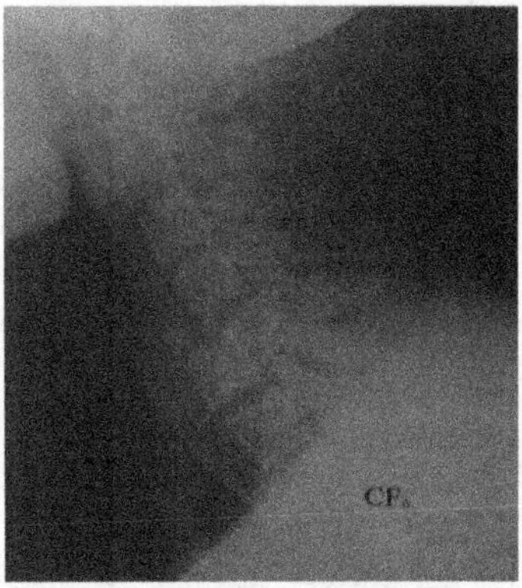
A

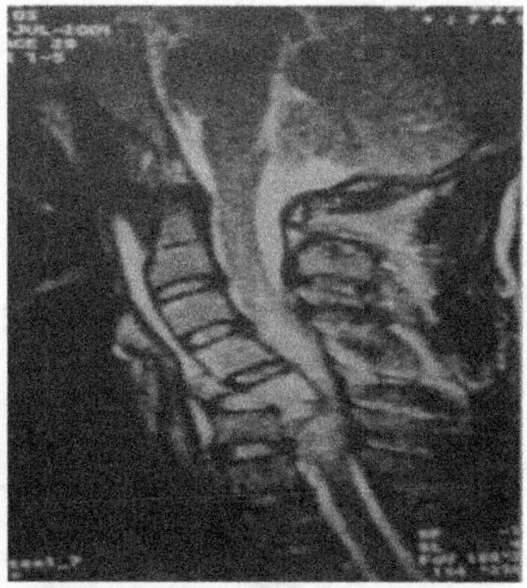
B

**图 5-19 颈椎后脱位**

A. 侧位片;B. MRI 矢状位片

3. 颈椎椎体骨折伴脱位 多伴有脊髓损伤,好发于颈 4～5、颈 5～6 及颈 6～7 三个椎节段,常由屈曲压缩暴力、后伸压缩暴力或屈曲加垂直暴力引起,临床表现为颈部疼痛、活动受限及强迫体位等局部症状,一般均有不同程度的颈脊髓损伤。依靠 X 线、CT、MRI 明确诊断。

4. 颈椎小关节脱位 系由于颈椎在轻度屈曲状态下遭受来自后方的暴力所引起,而单侧小关节脱位则由屈曲加旋转暴力引起,主要引起单侧神经根受压症状,相对少见。小关节脱位好发于颈 4～5 及颈 5～6。

临床表现为:(1) 被迫体位。由于小关节交锁,患者自感头颈部有“折断”感而呈被迫前屈位,需双手托头,颈部可有弹性固定征。一侧交锁者,头颈转向健侧,同时颈椎强迫前屈。(2) 颈部剧痛。由于关节囊撕裂以及关节处于脱位状态,局部拉应力和张应力急骤升高,以致引起难以忍受的疼痛。(3) 肌肉痉挛。由于关节脱位和外伤后肌纤维撕裂,颈后肌群多有明显痉挛、僵硬感。(4) 脊髓损伤症状。

损伤平面以下感觉、运动及括约肌的功能障碍，并具有节段性分布的特点。由于颈椎小关节脱位引起椎管骨纤维管道变形，构成对神经组织的压迫，因此脊髓损伤发病率相当高。(5) 其他，如损伤节段高者(颈 4 以上)可出现呼吸困难和(或)心血管系统表现。

X线、CT 可显示单侧或双侧小关节位置异常，上关节突多向前“跳跃”，形成小关节交锁，棘间隙增大，椎体移位多超过 25%。MRI 检查可显示小节处出血、肿胀，椎间盘损伤，脊髓受压及损伤情况等(图 5－20)。

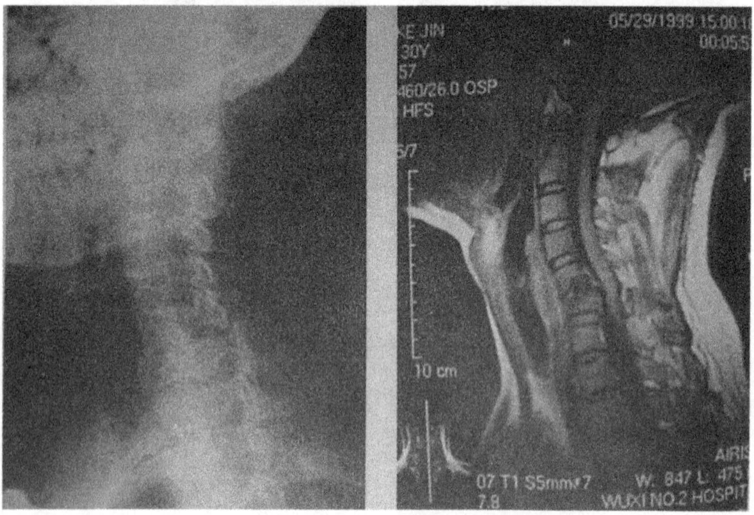


**图 5－20　颈椎小关节脱位的影像学表现**

### (四) 颈椎过伸性损伤

颈椎过伸性损伤是指颈椎由于过度伸展暴力所造成的损伤，又称“挥鞭样损伤”。

致伤机制：颈椎正常仰伸时，椎管内的硬膜囊及脊髓代偿性轻度折叠变短，截面增大，当头颈承受过伸外力时，如颈椎椎管本身就比较狭窄，则脊髓易嵌夹于内陷的黄韧带与前方的骨性管壁之中，尤其是当椎管前方有髓核后突或骨棘形成时，此种前后对冲性压力最后易集中到脊髓中央管处，致中央管周围充血、水肿或出血。颈椎过伸性损伤大多见于高速行驶汽车急刹车或追尾撞车事故中，由于惯性作用，面、颌、额等部位遭受来自正前方的撞击，而使头颈向后过度伸张，可伴有前纵韧带断裂及椎间隙分离，随着车的停止，头颈又向前屈曲，从而继发屈曲性损伤。此过程类似于挥鞭，故称为挥鞭样损伤(图 5－21)。其他来自前方的暴力，如仰颈位高处坠落以及颈部被向上向后方向的暴力牵拉等，亦会出现此类损伤。

图 5－21　颈椎挥鞭样损伤机制

病因及危险因素：颈椎过伸性损伤的病因均来自外伤，但存在以下危险因素对该损伤的发生发展起到重要作用：

(1) 发育性椎管狭窄：由于脊髓代偿间隙的减小，易于发生过伸性损伤。

(2) 退变性椎管狭窄：由于椎间隙的狭窄、下关节突的退变肥大、黄韧带肥厚皱褶、椎体后缘骨赘形成以及后纵韧带的肥厚骨化等，明显减少了脊髓的缓冲空间而易于损伤。

(3) 颈椎病:脊髓型颈椎病和神经根型颈椎病中存在的退变等病理因素,本身可减少椎管的缓冲空间,加之脊髓、神经根已受压或处于临界状态,遭受伸展性暴力时极易损伤。

(4) 颈椎不稳:颈椎不稳时由于椎间隙松动,韧带、纤维环等软组织结构松弛及顺应性降低,容易合并颈椎过伸性损伤。

(5) 强直性脊柱炎:Murray 等人曾报道 83 例强直性脊柱炎合并颈椎损伤病例,认为颈椎过伸伤是此类患者最常见致伤机制,骨折多发于颈胸交界处(75%),骨折线多经过钙化的颈 5～6 或颈 6～7 间隙。

临床表现:颈后部疼痛,因前纵韧带受累,多伴有颈前部疼痛,颈部活动尤其是仰伸活动明显受限,颈部周围有明显压痛。另外,由于颜面部撞击,多有皮肤损伤等。颈椎过伸性损伤主要病理改变位于脊髓中央管周围,且越靠近中央管病变越严重(图 5-22)。因此锥体束深部最先受累,同时病变由中央向四周逐渐减轻。其临床特点为上肢瘫痪程度重于下肢,手部功能障碍重于肩肘部;感觉分离:温觉与痛觉消失,位置觉及深感觉存在;严重者伴有大便失禁和小便潴留等。上述一系列临床症状及体征称为“脊髓中央管症候群”。

影像学表现:颈椎过伸性损伤由于病情隐匿,在普通 X 线片上常漏诊。外伤后早期 X 线侧位片对临床诊断意见很大,典型病例表现有椎前阴影增宽,而损伤平面在颈 4～5 椎节以下时则喉室后阴影明显增宽(图 5-23);受损椎节椎间隙前缘之高度多较其他椎节增宽,且在受损椎节椎体前下缘可有小骨片撕脱(约占 15%～20%);部分病例椎管矢状径小于正常值,约半数病例可伴有椎体后缘骨刺形成或其他退行性改变。MRI 检查可显示椎间盘突出、脊髓受压程度以及脊髓内出血性改变。CT 检查可显示骨折、脱位及髓核突出等。

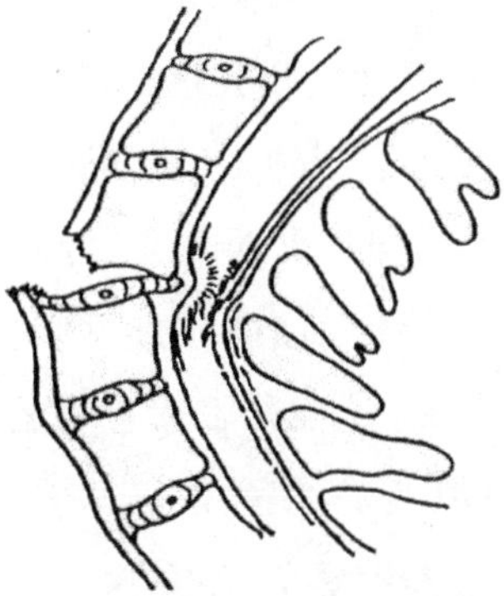

图 5－22　过伸性损伤时中央管周围创伤反应

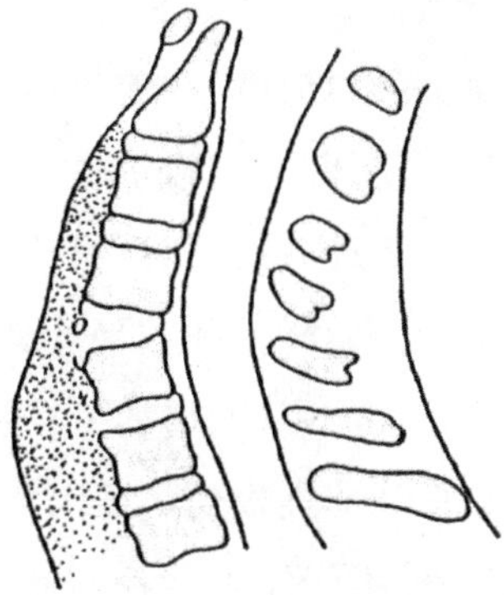

图 5－23　过伸性损伤 X 线上椎前阴影增宽

诊断：① 多有来自颌面部方向的暴力外伤史；② 颈局部症状及脊髓中央管症候群表现；③ 影像学检查主要依据为椎前阴影增宽、椎体前缘泪滴样骨折以及椎间盘损伤等表现。鉴别诊断与脊髓前中央动脉症候群相区别，后者病理表现为脊髓前中央动脉的血流受阻，临床表现为下肢重于上肢的瘫痪，一般无感觉分离，无椎前阴影增宽。

（五）无脊髓损伤的颈椎骨折脱位

无脊髓损伤的颈椎骨折脱位是指颈椎骨折和（或）脱位严重，但脊髓受累症状却无或仅有轻微症状，又称“幸运性骨折脱位”。此类损伤在运输、搬动及治疗过程中均应小心谨慎，否则很容易诱发脊髓症状。

损伤机制不明确，临床上发现多为屈曲性暴力所致。通常情况下，骨折脱位引起颈椎管局限性狭窄，极易损伤脊髓，尤其在颈 5～7 的颈膨大处的骨折脱位，合并脊髓损伤的概率更高。正常解剖状态下，颈 3～7 的椎管矢状径约为 14 mm。通常情况下，椎体脱位前移达椎管矢状径的 1/3～1/2，脊髓受压很难幸免。但临床上可见椎体脱位达 1/2，甚至完全脱位者，并无脊髓损伤，可能存在以下原因：① 椎管间隙开放。颈椎屈曲脱位时脊柱后结构如棘突、椎板间隙张开，椎体后韧带撕裂，如同时伴有椎弓骨折，更可使椎管呈开放状态，从而造成足够的安全间隙，脊髓屈曲并向后退让而免遭压迫。② 颈椎管矢状径增大。生理状态下，颈椎管大小随颈椎屈伸运动而变化，伸展时椎管变窄、缩短，横截面积平均减少 11%～16%，而屈曲时椎管则变宽，横截面积增大，从而增加了脊髓的缓冲空间。这也是临床上幸运骨折脱位多见屈曲性损伤的原因之一。③ 肌肉痉挛，使颈椎局部固定，不致发生脊髓损伤。④ 解剖因素。此类患者椎管矢状径本身往往较大，脊髓/椎管面积比例小，从而致脊髓损伤的概率相对要小。

病理变化：① 合并椎弓骨折者，椎体向前移位，而椎弓、椎板和棘突仍留在损伤节段下位水平，并与损伤节段以远矢状位处于同一序列。② 无椎弓骨折者，其椎弓等后结构与上位脊柱后结构呈正常连接序列，脱位的两个脊椎椎弓、椎板和棘突分别向上下方分离张开，而椎弓骨折者后结构张开在脱位椎体上方的椎弓间。骨折脱位节段的脊髓并不与脱位脊椎同步成角，而是向后移动退让，离开椎管前壁的骨性突起。

临床表现：感觉运动及排尿排便功能均表现为正常或仅有轻度神经刺激症状，如单侧或双侧肢体的一过性疼痛、麻木及肌力的轻度下降。局部症状是该型损伤的主要临床表现，如颈部疼痛及不稳感、颈椎常呈前屈畸形、颈部僵硬拒活动且活动明显受限。

诊断：X 线检查即可确诊，断层扫描及 CT 可显示细微或隐匿的骨关节损伤。MRI 可显示骨折、软组织创伤反应以椎管情况。

（六）颈椎后方韧带复合体损伤

颈椎后方韧带复合体（Posterior Ligamentous Complex，PLC）损伤，是颈椎损伤中常见的一种脊柱连接结构损伤类型。PLC 是脊柱后柱的主要组成部分，包括棘上韧带、棘间韧带、黄韧带、小关节囊，其主要的生理功能为限制颈椎的过度屈曲和后方牵张，故 PLC 损伤后的典型临床表现为棘突间距增宽和关节突的脱位或半脱位。

(七) 颈椎泪滴状骨折

颈椎泪滴状骨折可分为：

1. 颈椎屈曲泪滴状骨折　多由强大的复合屈曲压缩暴力所引起，多发生于高处坠落、跳水意外或交通事故，多发生于下颈椎，颈 5 最易受累。由于颈椎的屈曲及垂直压缩，椎体前下角被挤压断裂形成骨折，同时损伤节段的所有韧带及椎间盘亦可被撕裂。易合并脊髓或神经损伤(图 5－24)。该损伤主要阻断脊髓前动脉的血供，因而主要表现为脊髓前中央动脉症候群，即损伤平面以下痛、温觉消失，深感觉存在，运动障碍特点为下肢重于上肢。

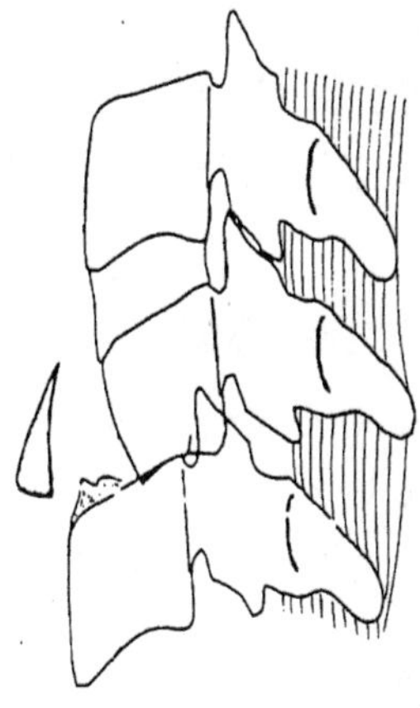

**图 5－24　颈椎屈曲泪滴状骨折**

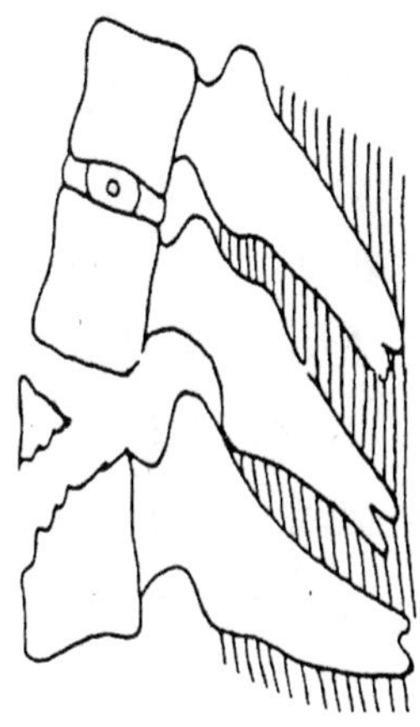

**图 5－25　颈椎伸展泪滴状骨折**

2. 颈椎伸展泪滴状骨折　均为伸展暴力所引起，正常时纤维环与椎体的紧密连接，在遭受过伸暴力时，前纵韧带及纤维环撕裂，引起椎体下缘撕脱骨折(图 5－25)。多见于交通事故及颌面部遭受后伸暴力病例。常合并脊髓损伤。临床主要表现为脊髓中央管症候群，以上肢重于下肢的瘫痪和感觉分离现象为特征。

## 第二节 胸椎损伤

由于胸椎活动幅度较小，且有胸廓的保护与支撑，胸椎损伤相对少见。正常成人胸椎骨折或脱位多由强大暴力所致。胸椎骨折常伴胸廓和肺部损伤。由于胸椎椎管狭窄，关节间活动范围小，容易发生脊髓损伤和椎体粉碎性损伤。胸 11、胸 12 前面无胸骨柄，两侧为游离肋，稳定性较其他胸椎差。

### 一、胸椎损伤分类

#### (一) 按损伤机制分类

1. AO 骨折分类　基于脊柱损伤的病理形态学特点，常见类型有压缩外力、牵张外力和轴向扭转外力。

2. Magral 分类法　分为压缩、分离和旋转三型。

3. 饶书诚脊柱骨折分类法　分为屈曲压缩型骨折、爆裂型骨折、屈曲牵张型骨折、屈曲旋转骨折脱位、剪力型脱位。

#### (二) 按损伤的稳定程度分类

分为稳定性骨折和不稳定性骨折。不稳定性骨折分 3 度：Ⅰ度是指在生理负荷下发生成角或弯曲者，为机械性不稳，包括严重椎体压缩骨折及安全带损伤。Ⅱ度为神经性不稳定，中柱受累，椎体进一步塌陷时继发椎管狭窄，产生迟发性神经症状。Ⅲ度为Ⅰ度、Ⅱ度的混合型，见于三柱骨折。

### （三）按三柱理论分类

Denis 于 1983 年在 Holdworth 二柱理论的基础上创立了三柱理论学说，强调韧带对脊柱稳定的作用。三柱结构：前柱：前纵韧带、椎体前 1/2 和椎间盘的前部；中柱：后纵韧带、椎体后 1/2 及椎间盘的后部；后柱：椎弓、黄韧带、椎间小关节和棘间韧带。1984 年 Ferguson 完善了 Denis 提出三柱分类概念，认为椎体和椎间盘的前 2/3 属前柱，后 1/3 属中柱，这是目前比较一致公认的三柱分类概念。凡中柱损伤者属于不稳定性骨折。法国的 Roy-Camille、Saillant 的三柱概念略有不同，他们认为中柱除椎体和椎间盘的后 1/3 以外，尚应包括椎弓根、关节突。中柱的范围较广，而后柱仅指关节突后方的椎弓，包括椎板、横突、棘突，但仍然主张中柱损伤属于不稳定性骨折。当脊柱受到屈曲压缩外力，主要是前柱承受压力，中后柱承受张力。前柱压缩超过 1/2 时，中柱受损，后柱分离，椎体不稳。牵张伸展外力时，后柱承受压力，出现椎板及棘突骨折，而椎体前部间隙增宽，则表示有前纵韧带损伤，椎体不稳。爆裂骨折多为垂直性外力，如骨折仅累及中柱，则较稳定；同时累及后柱，系不稳定骨折。骨折脱位是三柱同时受损的一种类型，无论何种外力所致，均属于不稳定性骨折。在生理载荷下，腰椎的前柱和后柱分别承受载荷的 30%和 20%，前柱和中柱共同负荷为 70%；而后柱与中柱共同负荷为 60%。前、中、后柱抗扭转能力各有不同，在 5°旋转的情况下，如果前柱损伤，则抗旋转能力丢失 90%，说明前柱（主要是椎间盘）是脊柱运动功能单位中的主要抗旋转结构。脊柱稳定依赖于三柱结构的正常和平衡。而脊柱内源性稳定是由椎体、椎间盘、椎间小关节和韧带束承担的；外源性稳定由腰背部和腹部肌肉的张力，以及胸、腹腔的压力来维持。脊柱稳定性是实现其生理能的先决条件，而创伤和劳损可使脊柱稳定性破坏，产生腰腿痛和相应的临床表现。

Denis 在三柱概念的基础上提出将胸腰椎骨折分为四大类：压缩性骨折、爆裂性骨折、安全带型骨折、骨折脱位。这是国内目前最常用的分类体系。

1. 压缩性骨折　是最常见的椎体骨折类型。单纯的压缩性骨折主要是压缩应力所致，根据弯曲的方向可分为前屈压缩和侧屈压缩。损伤机制的特点是：前柱承受压力，后柱承受张力，中柱作为支点，椎体后缘高度不变。绝大多数压缩性骨折在 X 线平片上表现为椎体楔形改变。

2. 爆裂性骨折　是指轴向压力加上不同程度的屈曲和/或旋转力作用于脊柱产生了上终板的骨折及椎间盘的髓核疝入椎体，导致椎体自内向外的骨折，即椎体粉碎性骨折。多为轴向压缩暴力所致。损伤特点是以脊柱中柱受到暴力为主，椎体后方骨折块常连同椎间盘组织突入椎管并引起椎管占位，椎体后缘骨块进入椎管，则导致神经损伤。X 线平片表现为脊柱后突畸形，椎体后缘连线不呈连续光滑的曲线，部分呈现椎体前缘严重楔形变，后缘高度改变。CT 表现为椎体碎裂，见多条不规则低密度裂隙，骨碎块向周围不同程度移位，椎体前后径和横径增宽，椎弓根、棘突间距加大。

损伤机制：脊柱在轴向压缩载荷作用下其椎间盘压力增高，首先使椎体终板骨折，随着载荷的增加，髓核经破裂的终板被挤入椎体，使椎体内压增高，从而引起椎体爆裂骨折。椎体皮质骨的应力主要集中于椎弓根周围，后伸位时尤为明显；而椎体松质骨的应力在直立位、前屈位、后伸位时集中于邻近终板处的中央部分；椎体前、后方的应力集中部位为中央偏后。上脊柱应力从生物力学角度解释了胸腰椎爆裂骨折的影像学表现，与临床所见骨折好发于椎体后上部分相一致。Langrana 等研究表明，椎弓根处承受的张力和压应力最高，应力集中在椎体上方靠近椎弓根基底内侧,认为椎弓根是胸腰椎爆裂骨折的起始部位。Shirado 等研究发现,无退变椎间盘在垂直外力作用下,应力主要集中在软骨终板中央偏后,椎间盘周边部的应力水平较低,椎体应力主要集中在椎体后上缘,而退变椎间盘的应力主要分布在终板和椎体边缘。因此,健康的椎间盘在垂直载荷作用下产生爆裂骨折,退变椎间盘在外力作用下易发生压缩骨折。

3. *安全带型骨折* 即座带型骨折,此型为牵张性损伤,常见于乘坐高速汽车腰系安全带,在撞车的瞬间患者躯体上部急剧前移并屈曲或过伸,由于牵张暴力作用于椎体的中后柱或中前柱,使椎体产生水平性损伤。根据具体的椎体病理形态和临床出现的概率情况,分为经椎间盘型损伤和水平劈裂型骨折。水平劈裂型骨折是由屈曲牵张暴力或旋转复合水平剪切暴力所致的椎体骨连续性在某一平面中断的损伤。因外伤致躯体上部前移并前屈,脊柱以前柱为枢纽,后柱和中柱受到牵张力而破损,此为 Channce 骨折,在交通事故中较常见。Channce 骨折在正位 X 线片可见两侧椎弓根和棘突呈水平分离或棘间明显增宽;侧位片可见椎板和椎弓直至椎体后部的水平骨折间隙。CT 片显示后部附件结构破裂,椎弓根及椎体切片样裂开,一般无椎管狭窄或椎管内占位。水平劈裂型骨折由于上下两半椎体可重合,易误诊压缩性骨折。

4. *骨折脱位型损伤* 是严重暴力所致,机制比较复杂,可由屈曲、剪力、牵张或旋转等应力的共同作用,脊柱产生骨折并伴有脱位或半脱位。该型损伤常累及三柱,造成不同程度的神经损伤。

## 二、临床表现

胸椎脊柱损伤常伴有脊髓损伤,一般是脊髓损伤平面越高,损伤程度越重,其临床症状及体征越复杂。胸 1 损伤时表现为手骨间肌功能障碍伴双下肢运动障碍。胸 2 以下损伤表现为双下肢弛缓性瘫痪，损伤平面以下深浅感觉丧失，有时出现某些系统功能障碍，如胸 2～5 损伤可致频发房性、室性期前收缩或房室传导阻滞；胸 5～8 损伤可致胃、十二指肠溃疡等。当胸脊髓完全性损伤，受损平面以下完全丧失运动，深浅感觉包括肛周及肛门内感觉丧失。经过一段时间后，损伤平面以下肢体受到刺激时表现为肢体肌肉痉挛、下肢内收、屈髋屈膝、踝跖屈、腹肌痉挛，有反射性排尿和阴茎勃起，下肢腱反射亢进，出现病理反射、阴茎海绵体反射和肛门反射。当胸脊髓不完全性损伤，其运动障碍及损伤节段的范围可有很大差异，轻者可以恢复行走，或完成日常活动。运动恢复越早，其预后越好。临床上，许多学者认为：足趾有自主微动者、马鞍区有感觉者、缩肛反射存在者、尿道球海绵体肌反射存在者、足趾残留位置感觉者，均为不完全性损伤；刺激足底后，足趾有缓慢屈伸者多系完全性损伤。

## 第三节　腰椎损伤

腰椎小关节呈矢状，伸屈活动灵活，但其他活动受到限制，是身体上部负荷的主要承受者，因而容易损伤。

### 一、胸腰段损伤

由于胸椎相对固定而腰椎活动度较大，外伤时形成杠杆力集中在胸腰段，导致胸腰段最易损伤。该部位是脊髓与马尾神经移行区，如有神经损伤，可出现脊髓或马尾神经损伤症状。

## 二、下腰段损伤

(一) 下腰段损伤机制

1. **屈曲暴力** 致下腰椎前部承受压应力、后部承受张应力，主要造成椎体前部的压缩性骨折，后缘通常不发生高度改变。

2. **压缩暴力** 在垂直轴向暴力下，椎体发生爆裂性骨折，骨折块向四周爆裂，此时的矢状径及横径均增加，常有骨块突向后方致椎管狭窄。

3. **侧屈暴力** 致屈曲侧受到压缩暴力、对侧受到牵张暴力，造成屈曲侧椎体压缩变扁，牵张侧高度正常不发生改变，常伴有小关节骨折。

4. **屈曲牵张暴力** 又称安全带损伤，以前柱为中枢，三柱同时受到牵张力而张开，骨折线横行经过伤椎的棘突、椎板、椎弓根及椎体，骨折线后方裂开或韧带结构破裂，关节突分离，椎间盘后部破裂。

5. **屈曲扭转暴力** 前柱受到压缩及旋转暴力，中、后柱受到牵张力，常发生椎体骨折伴关节突骨折或脱位，脊柱极不稳定，常发生进行性畸形。

6. **平衡暴力** 暴力垂直于脊柱，椎体可向前、后或侧方移位而往往不发生骨折，脊柱稳定性遭受较大破坏，下腰椎少见。

(二) 下腰椎骨折的特点

下腰椎骨折通常是高能量损伤。

压缩性骨折发生率高于爆裂性骨折，是由于下腰椎后壁较坚强，且与强大的椎弓根及椎板相连。骨折后椎体后缘高度变化较小，因而发生后凸畸形较多，椎管狭窄的发生率及严重程度均较爆裂性骨折低。

下腰椎的爆裂性骨折呈矢状平面的劈裂形骨折，与上腰段及胸腰段脊柱爆裂性不同的是：下腰椎的爆裂性骨折大多数椎弓根均较完整。一般认为L5椎体爆裂性骨折的机制为垂直暴力而没有明显的旋转暴力，这是由于L5椎体的位置低于骨盆环而受到其保护，如有较大的旋转暴力存在，常会致L5小关节或椎弓根骨折。

下腰椎骨折脱位少见，往往在遭受到极大的暴力情况才会发生，多为复合暴力，包括垂直、旋转、剪切等，常伴有小关节突骨折或椎弓、椎板骨折，发生硬脊膜撕裂也较多见。最多见的是L3～L4节段，少见于L4～L5，罕见于L5～S1。

下腰椎椎管较大，无脊髓，椎孔较大，故骨折伴有神经损害者较少。若有神经损伤，主要是神经根及马尾神经的损伤，完全性瘫痪少见。

腰椎体前缘高度逐渐递增，而后缘高度逐渐递减，从而形成腰椎前凸，且活动度较大，故对稳定性要求较高，而骨折后对稳定性影响较大，手术要非常重视稳定性的重建。

安全带损伤多见于L3椎体。

腰骶部骨折脱位即L5及腰骶关节的骨折脱位是比较少见的，多伴有一侧或双侧小关节骨折，亦常见多个横突骨折、腰骶骨骨折脱位。常发生于车祸及高处坠落伤等高能量损伤。损伤机制被认为是过屈和旋转载荷所致。临床表现为严重的腰骶部疼痛及骶髂关节血肿。神经损伤大多为L5、S1神经根损伤，以单侧多见，如伴有马尾神经损伤则可出现大小便功能障碍。

# 第四节　骶尾椎损伤

## 一、骶椎损伤

骶椎隐藏于骨盆后方，很少损伤。

### （一）骨折分类

1. 根据骨折的形态分类　分为：（1）横形骨折：较多见，由低能量损伤所致，常由骶背部直接受力引起，好发于骶髂平面以下的骶 4、5，骨折线横贯骶骨，很少发生移位或仅有部分向前移位，发生神经损害者少见。（2）纵形骨折：常发生于骨盆环上的骨折，很少单独发生，多属高能量损伤，骨折线沿骶骨纵轴延伸，常使骨盆出现垂直方向不稳，如骨折线沿骶骨孔发生，常伴有神经损害。（3）高位横行或斜形骨折：常由高能量直接暴力引起，多发生在骶 1、2，骨折线通过骶 1、2 交界处，骶 1 和腰 5 一起向前移位，称为创伤性骶骨滑脱，导致神经损伤，引起马鞍区感觉障碍和部分肌瘫痪，骶 2、3 神经损伤出现大小便功能障碍，常伴有腰椎横突骨折，有时并发后腹膜血肿、直肠破裂、脑脊液漏及挫伤皮肤坏死。

2. 根据损伤机制分类　分为：（1）直接创伤：最多见于枪弹伤，属于结构稳定的损伤。直接而严重的损伤常可致骶骨粉碎性骨折，常伴有骶神经损伤。（2）间接创伤：大多数骶骨骨折是间接创伤引起的，且 30％以上伴有骨盆骨折，25％～50％伴有神经损伤。

3. 根据 Denis 分类　将骶骨骨折分为 3 区：Ⅰ区为骶骨翼区，腰 5 神经根从其前方经过，可因骨折而损伤；Ⅱ区为骶孔区，骶 1～3 孔骨折可损伤坐骨神经，但一般无膀胱功能障碍；Ⅲ区为骶管区，骶管骨折移位可损伤马尾，表现为骶区及肛门会阴区麻木和括约肌功能障碍。Ⅰ区、Ⅱ区骨折仅损伤一侧神经根，Ⅲ区损伤常可伤及双侧神经根，可引起膀胱或直肠症状。

（二）临床表现

1. 低位骶骨横形骨折　其所遭受的暴力多为低能量，症状表现为局部肿胀、皮下淤血，行动不便。肛门指检可引起骨折处剧痛。

2. 骶骨纵形骨折　常常是高能量损伤，常伴有骨盆其他部位骨折及其他器官损伤，包括颅脑损伤、胸腔损伤、腹腔脏器损伤及盆腔脏器损伤等。由于骨折不稳定，经常伴有血管神经损伤等情况。这类严重的复合伤的症状常导致骶骨骨折症状被忽视而漏诊。症状表现为骶髂关节及骶骨处肿胀、疼痛、活动受限、不能坐立翻身、局部皮下淤血明显、骨盆变形、两侧不对称，下肢被动运动时剧痛，伤侧骶骨抬高，下肢短缩骨盆挤压试验阳性及“4”字征阳性等。

## 二、尾椎骨折

尾椎骨折或脱位，多由摔倒坐地直接暴力造成。骨折远端因外力和肛提肌、尾肛肌的收缩而向前移位，有时也会合并侧方移位，但很少发生严重后果。

## 三、骶髂关节损伤

骶髂关节是构成骨盆环的最重要结构之一，位于骨盆后环，由骶骨和髂骨的耳状关节面构成。骨盆的稳定性依赖于骨盆前、后弓，特别是后弓的完整性。后弓构件中骶椎外侧块和骶管之中的骶神经通道及髂骨相对薄弱，容易发生骨折。骶髂关节结构上为滑膜关节，运动上为屈戌关节，关节间隙很小，且有较多的隆起与凹陷，使得关节面密切相嵌，同时有坚强的韧带结构存在，增加关节稳定性，因此骶髂关节损伤少见。

骶髂关节损伤大多属于高能量损伤，尤其多见于交通事故、高处坠落及重物压砸等损伤。由于暴力强大，伴随损伤发生也较多，常合并有头颅、胸、腹及盆腔脏器的损伤。同时由于骶髂部大血管较多，骶前静脉丛丰富，伴有大出血的情况较多，因而出血性休克在骶髂关节损伤中多见。骶髂关节的严重损伤导致了骨盆环的不稳，常伴有骨盆其他部位的损伤以及盆腔内脏器损伤、骶神经损伤等。

## 第五节　脊髓外伤性损伤

### 一、脊髓外伤性损伤的原因

（1）交通意外事故是现代脊髓外伤的首要原因。系安全带者，躯干固定，头颈随车速运动，碰在挡风玻璃或前座背时，常发生颈脊髓损伤；未系安全带者，整个躯干随车速移动，发生胸腰椎脊髓损伤较多；在车外，被车轮撞击或碾压躯干致脊髓损伤，常是无骨折脱位脊髓损伤。（2）高处坠落。若头先着地，可发生头颅外伤和颈椎脊髓损伤；若足先着地，可发生跟骨骨折和脊柱脊髓损伤；若臀部先着地，除骨盆外伤外，多发生胸腰椎及脊髓损伤。（3）躯干或头颈受砸伤。多见于矿山作业和建筑业，伤者在站立位或前屈位工作，被掉下的重物砸伤肩背或胸背部，发生胸腰椎脊髓损伤。夜间地震、建筑物倒塌，砸压躯干或向屋外逃跑时被建筑物倒塌砸伤脊柱而发生脊髓损伤。（4）运动受伤。如骑马摔伤、跳水头顶撞击水底等。（5）生活中损伤。多见于中老年人，如行走时头撞到电线杆或乘车时急刹头颈部前后运动，常致颈椎无骨折脱位型脊髓损伤。儿童玩耍时背后被撞击或推拉，可致无骨折脱位型脊髓损伤。(6) 训练损伤。见于儿童和青年人体操、舞蹈、倒立，常是脊柱过伸训练，连续做几个动作之后，发生胸椎无骨折脱位脊髓损伤。(7) 火器伤。脊柱受投射伤直接损伤或由于投射物高速冲击波致伤脊髓。(8) 锐器伤。主要是匕首尖锐器，从椎间隙中刺入致脊髓完全横断或半侧损伤。

## 二、脊髓损伤后生理状态的改变

1. 心血管系统　颈段脊髓损伤后，由颈上、中、下交感神经节节后纤维组成的心上神经和由胸 1～5 交感神经纤维支配的主动脉与脑失去联系，但由脑神经发生副交感神经却未受到影响，致交感与副交感神经之间失去平衡，可引起心血管功能紊乱，血压可下降。血压与体位有关，头高足低时血压显著下降，平卧后血压恢复正常。下肢抬高时，上臂血压可升高，这与周围血管扩张、失去收缩能力有关。瘫痪的肌肉无收缩力，不能促进静脉回流，在输入大量液体时，更容易发生肺水肿。

2. 呼吸系统　颈脊髓损伤，胸部呼吸肌麻痹，仅剩膈肌辅助呼吸，呼吸功能减低，呼吸量减少，并失去咳嗽功能，如损伤累及颈 4 以上，则膈肌麻痹，呼吸更为困难，加以副交感神经兴奋，使小气管收缩，这些是造成肺部并发症发生的基础。早期肺感染、肺不张等并发症，是早期死亡的主要原因。

3. 皮肤体温调节功能　颈脊髓损伤后，交感与副交感神经之间失去平衡，皮肤出汗调节功能丧失，不能以皮肤血管舒缩维持体温，因而体温随周围环境改变，天冷时皮温降低，天热时皮温升高。大约 1 个月后交感神经功能恢复，但时间较长，1 年之后才渐完善。

4. 消化道　由于肠蠕动减慢，使腹部胀气和便秘以及括约肌功能障碍。

5. 排尿障碍　正常排尿功能由交感神经、副交感神经和躯体神经共同支配，躯体神经借骶 2 神经支配的尿道外括约肌，骶部副交感神经支配膀胱壁收缩排尿，下胸段交感神经支配膀胱内感觉。脊髓损伤平面不同，排尿障碍的类型不同。

## 三、脊髓损伤的分类

### （一）按病理分类

（1）脊髓横断，为脊髓损伤最严重的形式；（2）脊髓完全性损伤，解剖学连续，但其传导功能完全丧失，呈完全截瘫，后期损伤段脊髓为疤痕组织代替；（3）不完全脊髓损伤，脊髓连续性完好，传导功能部分丧失，呈不完全性截瘫，损伤程度及恢复程度有较大差异；（4）轻微损伤，脊髓神经元及其纤维暂时性功能受损，表现为不完全截瘫，大部分脊髓功能可恢复。

### （二）按解剖学分类

1. 颈髓损伤

上颈髓损伤（颈 1～3），为延髓的延续，损伤后波及呼吸中枢而致呼吸麻痹、呼吸困难，可迅速致死；存活者，损伤平面以下四肢呈痉挛性瘫痪；伴有延髓受损者，表现血管运动和其他严重内脏功能紊乱。

中颈髓损伤（颈 4～6），为颈膨大部，表现为四肢瘫痪，上肢弛缓性瘫痪，肩胛提高，上臂外展，前臂内收，下肢呈痉挛性瘫痪；颈 5 以上损伤，上肢反射亢进。

下颈髓损伤（颈 7 至胸 1），为颈髓和胸髓的连续部分，属颈膨大的下端，主要表现为下肢瘫痪及手的小肌肉变化。

2. 胸腰髓损伤　损伤平面以下的运动、感觉、膀胱和直肠功能障碍，下肢弛缓性瘫痪，反射消失或减弱。

3. 圆锥及马尾损伤　熊祥虎将该类损伤分为以下7种类型：

Ⅰ型为脊髓完全性损伤，仅为脊髓损伤，不波及圆锥，圆锥功能不受影响，损伤平面以下感觉、运动功能完全丧失，肛门反射、球海绵体反射仍然存在。

Ⅱ型为脊髓圆锥完全性损伤，损伤阶段以圆锥为主，波及圆锥上部相应脊髓（胸10至骶5），表现为腰骶脊髓阶段以下的运动神经元损伤，具有感觉、运动整齐平面，反射弧中断，反射消失，肛门反射、球海绵体反射消失。

Ⅲ型为圆锥、马尾不完全性损伤，损伤在腰2至骶4节段，表现为感觉、运动功能不对称性和不一致性，肛门反射、球海绵体反射存在、或减弱、或一侧存在一侧减弱。

Ⅳ型为圆锥完全性损伤及马尾不完全性损伤，表现为肛门反射、球海绵体反射消失，但有部分马尾存在，下肢功能可能存在。

Ⅴ型为圆锥及马尾完全性损伤，易与Ⅱ型混淆，但其解剖范围明显不同，只局限于圆锥和马尾，不波及与圆锥相邻的脊髓，损伤平面低，主要表现为损伤平面以下感觉、运动和括约肌功能完全丧失。

Ⅵ型为单纯圆锥损伤（骶2～5），主要表现马鞍区和骨盆底肌肉的感觉和运动丧失，步态基本正常，膀胱直肠功能丧失，肛门反射、球海绵体反射消失。

Ⅶ型为单纯马尾神经损伤，表现为神经根支配区感觉、运动功能丧失，具有不对称性，马鞍区感觉正常，膀胱无力，具有脊髓损伤节段水平的定位表现。

临床上脊髓损伤以颈和胸腰段最为常见。脊髓损伤的定位诊断依赖于详细的神经系统检查，X线、CT、MRI等辅助检查，结合病史和临床表现，诊断一般不很困难。

（三）按临床分类

1. 完全性脊髓损伤　表现为损伤平面以下感觉与运动功能完全丧失，肛门与尿道括约肌功能障碍。在颈、胸脊髓损伤的急性期常可见脊髓休克的存在，表现为损伤平面以下感觉丧失、运动弛缓性瘫痪和深浅反射的消失。休克期的时限依损伤平面高低而不同，颈脊髓完全性损伤休克期可长达 2 个月，而胸脊髓损伤休克期则缩短。休克期过后，损伤平面以下浅反射消失、深反射亢进、肌张力增高、病理征阳性、踝阵挛和髌阵挛阳性，即痉挛性截瘫。在圆锥以下脊髓损伤中，球海绵体反射和肛门反射常最先出现，预示脊髓休克即将过去。脊髓休克是脊髓损伤后脊髓功能本身的一个过程，在组织学上并无特殊表现，不是脊髓损伤的一个类型。

2. 不完全脊髓损伤　损伤平面以下感觉与运动功能，或括约肌反射不完全丧失，但必须包括鞍区感觉存在。有以下 4 种类型：(1) Brown-Sequard 综合征；(2) 中央型脊髓损伤；(3) 前侧型脊髓损伤；(4) 脊髓后部损伤。各具有特定的临床表现。

3. 脊髓震荡　系最轻度脊髓损伤，伤后呈现为不完全截瘫，在 24 小时内出现恢复，至 6 周时感觉、运动、括约肌功能完全恢复，不遗留功能障碍。脊髓震荡与脊髓休克相鉴别，与不完全脊髓损伤有不同。脊髓休克是严重脊髓损伤后功能丧失的一种过程表现，而脊髓震荡是一种诊断，其脊髓病理改变轻微，灰白质中可有小出血灶，很快被吸收，而脊髓组织学上恢复正常，这就是与不完全脊髓损伤的区别。不完全脊髓损伤很难完全恢复正常。

4. 前脊髓损伤或前脊髓综合征　见颈椎爆裂骨折或颈椎后伸损伤。颈椎后伸时，若椎管无狭窄，脊髓后方未受挤压，而前部挤压牵拉损伤脊髓前部。爆裂骨折时，骨折块向椎管移位损伤脊髓前部，脊髓后方有空隙未受损伤，发生前脊髓损伤综合征。

病理：脊髓前 2/3 损伤，或者损伤脊髓前血管（该血管供养脊髓前 2/3），损伤范围较短。

临床表现：损伤平面以下深感觉、位置觉保存，浅感觉和运动受不同程度损伤，不少病例未能恢复，可能系脊髓前血管受损之故。

5. 后脊髓损伤　临床很少见，可见椎板骨折下陷压迫脊髓后部，因椎管较宽，使得前部脊髓未受损伤。临床表现为脊髓深感觉障碍或丧失，运动功能多无障碍或轻度障碍。

6. 脊髓半侧损伤（Brown-Sequard 综合征）　见于颈椎或胸椎的横向错位损伤，亦可见锐器刺伤半侧脊髓。临床表现：伤侧平面以下运动障碍，颈、胸段者为痉挛性瘫，对侧呈感觉障碍，皮肤触痛觉等障碍或丧失。

7. 创伤性上升性脊髓缺血损伤　特点是脊髓损伤后在短期内截瘫平面持续上升。临床上有以下类型：(1) 下胸椎骨折或脱位致同平面脊髓损伤后，数日内截瘫平面开始上升，直至颈脊髓，越过颈 4 平面可致呼吸衰竭而死亡。(2) 胸腰段骨折或脱位致同平面脊髓损伤，截瘫平面缓慢上升，大多至胸 7～8 节段停止，为完全性脊髓损伤。

病理：脊髓前后动静脉局部损伤血栓阻塞，沿脊髓动静脉向上向下蔓延，脊髓损伤平面上升。

8. 无骨折脱位脊髓损伤　分颈、胸、腰三个部位，各自特点分述如下：

(1) 无骨折脱位型颈脊髓损伤(Cervical Spinal Cord Injury Without Fracture and Dislocation，CSCIWFD)：据估计，在全世界范围内，每年 100 万人口中约有 750 人遭受创伤性脊髓损伤，其中 1/3 的创伤性脊髓损伤患者是由颈椎外伤造成的，而无骨折脱位颈脊髓损伤多合并有原发性颈椎病。

无骨折脱位脊髓损伤分成人与儿童，两者在病因及致伤机制上有明显区别。儿童无骨折脱位型颈脊髓损伤，多见于8岁以下，多系车祸伤，其次为高处坠下，再次为牵拉伤。损伤机制有后伸、屈曲压缩、长轴牵拉等。儿童无骨折脱位脊髓损伤与其脊柱的解剖特点有关：① 椎间盘有较高的含水量可以纵向过度伸展而不发生断裂；② 儿童的脊椎弹性大，脊椎两旁的肌肉不发达，韧带和关节囊有较大的弹性可以承受相当大的拉伸而不撕裂，可沿纵轴拉伸5.0 cm而无损伤，但脊髓则仅可拉伸0.6 cm，两者弹性差别可导致脊髓损伤；③ 儿童脊柱椎体关节面发育不全，关节突关节面浅且几乎呈水平位，易在平移、屈曲和伸展的过程中发生滑脱；④ 椎体未完全骨化，椎体呈楔形，使脊椎的活动度较成人明显大；⑤ 软骨终板为薄弱区域，只需受到轻度剪切力即可受到损伤；⑥ 小于10岁的儿童尚未形成对于限制椎体侧方和旋转运动的钩突；⑦ 婴幼儿的头部相对体积较大且重，而颈背部的肌肉相对力量较弱，在屈曲或伸展的外力作用下较易发生大范围摆动；⑧ 肌肉发育纤弱，关节囊松弛，颈椎呈不稳定状态，当有创伤时，颈部过伸或过屈易发生一过性半脱位而损伤脊髓。损伤类型：中央脊髓损伤大约占一半，其次为完全脊髓损伤和不全脊髓损伤，个别为Brown-Sequard综合征。由于儿童韧带柔软，脊髓损伤较成人者重，另一个重要特点是儿童受伤后，约有一半病例并不立即出现脊髓损伤症状，而是有一个潜伏期，自数小时至4天不等发生迟发性瘫。

成人无骨折脱位型颈脊髓损伤多见于50岁以上老年人，通常存在颈椎管基础病变。颈椎管的基础病变如颈椎管发育性和/或退变性狭窄、椎间盘突出、后纵韧带骨化、黄韧带骨化等，致椎管狭窄，椎管有效空间即脊髓储备间隙变小。当颈椎椎管矢状径狭窄程度超过50%时，脊髓的耐受力接近于极限，当颈椎遭受到轻微外力时即可使脊髓受到冲击和挤压，虽然其外力不至于引起骨折、脱位，但冲击和挤压会使已处于代偿极限的脊髓或其血管损伤。

颈椎退行性改变不明显，椎管无明显狭窄时，在高能量外力作用下，椎体可发生一过性移位压迫脊髓，造成脊髓严重损伤。此时常伴有椎体骨挫伤或椎旁韧带水肿。也有人认为颈椎在正常的后伸活动时，椎间盘向后隆起，黄韧带短缩、增厚及皱褶，同时脊髓的短缩、变粗可使椎管矢状径减少 2～3 mm。所以正常颈部后伸活动时，便有可能使脊髓在狭窄的椎管内遭受压迫而引起损伤。当颈椎受到外力作用，特别是过伸损伤时，可使颈椎某些节段产生更大的移位，椎管可产生更明显的变形，因而便可能冲击或挤压脊髓引起其损伤。此类成人无骨折脱位型颈脊髓损伤比较少见。

损伤部位：有研究表明，无骨折脱位型颈髓损伤多发生于颈 4、颈 5 椎体平面，分析其原因可能有：① 颈髓的颈膨大位于颈 4 至胸 1，在此节段内椎管的储备空间缩小。② 颈 4 椎体是颈部生理弯曲前突最明显处，活动的范围和频率较大，外伤时颈髓形变较大。③ 颈 4/5、5/6 椎间盘突出的发生概率较高，造成相应椎管狭窄的程度和几率较大。

损伤类型：以中央脊髓损伤为多见，还有不完全脊髓损伤、前脊髓损伤、Brown-Sequard 综合征和神经根损伤。伤后早期行 MRI 检查，可见脊髓损伤、前纵韧带断裂、椎前出血者占 2/3、后纵韧带出血、棘上韧带断裂等外伤性改变，个别有椎体不完全骨折(X 线片上见不到骨折)。

临床表现：双手及上肢功能障碍的案例多且程度较重，下肢功能障碍的案例少且程度较轻，可能与脊髓的解剖结构及功能定位有关。既往研究表明，位于脊髓中央部位的脊髓灰质由神经细胞的短轴索和触突组成，较脆弱，而脊髓周围的白质由长纤维组成，排列致密而坚韧，因此，灰质易受损伤而出现相应的症状。同时，脊髓不同部位具有不同的功能，控制双手及上肢功能的皮质脊髓束位于颈髓中央部位，而控制双下肢功能的神经传导束位于颈髓外层，导致颈髓损伤后出现上肢症状重而下肢症状轻或无症状。

无骨折脱位型颈脊髓损伤的一个共同特点是受伤时头颈部受到的外伤均较小。有作者报道，一组病例中跌伤占 54%，交通事故伤占 36%，高处坠落伤占 9%。所有病例均有过伸性损伤病史，就诊时大多数患者额部、颌面部有碰撞损伤痕迹。

致伤方式是此类损伤的关键因素，不同致伤方式有不同的致伤机制：

① 单纯过伸性损伤：多见于挥鞭样损伤，如高处坠落、交通事故损伤、前车乘客遇追尾致伤、头部撞击障碍物产生暴力等。其损伤机制为牵引过伸，当伤者遭受上述伤时，应力由下向后上作用于下颌或颌面部，并伴随躯体下坠时可致颈椎向后上牵引过伸，使椎管延长变窄，其内颈脊髓牵拉延伸并向后弯曲，当超过延伸的生理范围时，出现脊髓前部受牵拉后部压挤撞击椎管后壁致脊髓损伤。Roe 等经新鲜尸体解剖观察到头颈后伸时，椎管有效空间可缩小 30%左右，其内颈髓相应牵拉延长并向后弯曲。当超过延伸的生理范围时，出现前部牵拉，后部压挤撞击椎管后壁致脊髓损伤。Dare 等曾报道 2 例此损伤机制所致患者。

② 屈曲—压缩—过伸性损伤：多发生于紧急刹车时坐车人颈椎惯性屈曲后反弹过伸时，当头部处于屈曲位受到外力作用时，应力作用颈椎间盘前部，随着颈部受压缩力、背伸力作用，在由屈曲—压缩—过伸的连续过程中，椎间盘受到从前到后推移的压力，使是椎间盘后部的容量和张力剧增，过伸时压力突然增加，椎间盘受损并向椎管突出压迫脊髓，脊髓受压。也有人认为伤前存在颈椎间盘突出致脊髓不同程度受压或因创伤引起或加重颈椎间盘突出。当颈创伤时颈部反

射性采取屈曲保护状态，前额向前冲应力首先作用于颈椎间盘前部，随着颈椎由屈曲转变为过伸状态，应力由前向后传递集中压缩椎间盘，最后转变为张应力，损伤的椎间盘向后压迫而损伤脊髓组织。

③ 颈椎一过性脱位或半脱位损伤：常见于50岁以上伤者，常存在颈椎退行性变、椎体间不稳定、椎间隙变窄、椎体后缘骨赘、后纵韧带钙化、黄韧带肥厚等致椎管狭窄，使椎管有效储备间隙减少。由于椎间关节退性行变，关节稳定性下降，加之关节囊、肌肉松弛，受较小外力时颈部突然过伸、应力集中的椎间可因应力产生较小的水平滑移，使椎管矢状径更加狭小而导致颈髓受伤，同时原先存在的椎体后缘骨赘或钙化的后纵韧带等也同时参与了对颈髓的压迫作用，而肥厚的黄韧带可以向前皱褶自后方压迫颈髓。朱文刚等认为，椎间关节面平滑，成前高后低倾斜位，关节面与水平夹角约45°，受到外力作用时易发生颈椎脱位。外力消失后，肌肉、韧带弹性回缩力又使移位复位。因此，影像学检查无颈椎脱位表现。

(2) 无骨折脱位型胸髓损伤：主要发生于儿童和青壮年，儿童组年龄1～11岁，青壮年组18～38岁。大多为严重外伤，碾轧伤和砸压伤占大多数，直接作用于胸腰部致脊髓损伤。儿童可见训练致伤。脊髓损伤类型：绝大多数为完全脊髓损伤，少数为不全截瘫，青壮年者伤后立即截瘫，儿童约半数伤后有一个潜伏期(2小时至4天)。本损伤特点：截瘫平面在上胸椎者占1/3，在下胸椎者占2/3，且为弛缓性瘫痪。多数病例表现为早期下肢瘫痪，肌肉呈软瘫，健反射消失，至晚期仍持续为下肢软瘫，提示其发病机制与脊髓缺血有关。脊髓血运受损有两种情况：① 脊髓前动脉受伤致脊髓供血中断发生缺血坏死，脊髓DSA检查见脊髓前动脉堵塞。大髓动脉均发出于左侧根动脉，在进入脊髓前动脉之前，在脊椎旁上行1～3个椎间盘，在胸椎损伤时，损伤了大髓动脉致脊髓缺血坏死，此可解释为何本伤持续呈现弛缓性截瘫，而不是如同胸椎骨折脱位致胸髓损伤，多表现为痉挛性截瘫，伤后半年 MRI 可见胸脊髓长段萎缩变细，说明脊髓为缺血损伤坏死萎缩。② 当躯干胸腔或腹腔受砸压伤时，胸腹腔内压力骤然增高，由于胸椎管内静脉系统与胸腹腔大静脉相通，使椎管内静脉压立即升高，甚至破裂出血，同时致小动脉受阻压力增高，供血障碍致脊髓损伤。例如：一位 18 岁女生乘电梯时因故障停于中途，欲从电梯顶上出来，此时电梯突然启动将其夹在电梯顶与顶层之间 4 小时，被救出后发现其下肢截瘫，胸 12 以下感觉减退，经保守处理后下肢瘫完全恢复。

(3) 无骨折脱位型腰髓损伤：较少见。

9. 圆锥损伤　圆锥大多位于腰 1 节段平面，胸腰段损伤，特别是腰 1 骨折，可致圆锥损伤。圆锥损伤有三种类型：(1) 单纯圆锥损伤，为骶 2～5 损伤，临床表现为鞍区、肛门周围、阴茎的感觉障碍，肛门括约肌和尿道括约肌功能障碍，球海绵体反射、肛门反射消失。尿流动力学检查：膀胱呈无张力、无反射性收缩，顺应性增加，尿潴留，尿失禁。(2) 圆锥脊髓损伤，常为胸 12 至腰 1 损伤，临床表现为胸 12 平面以下截瘫以及上述圆锥损伤。(3) 圆锥马尾损伤，马尾多为腰神经根，马尾损伤可以单侧，亦可双侧，为根性损伤，再加上圆锥损伤症状。

## 四、脊髓不同节段损伤的临床表现

1. 上颈椎脊髓损伤　指损伤平面在颈 3 脊髓以上，包括枕颈结合部、颈 1 和颈 2 复合体。由于膈神经由颈 3～5 脊髓节段发出的分支组成，该平面损伤致肋间肌和膈肌瘫痪，患者不能自主呼吸或呼吸困难，伤后抢救不及时可立即死亡。

2. 颈中段脊髓损伤　颈中段脊髓损伤指颈 4～6 节段脊髓损伤。

颈 4 节段损伤：表现为锁骨下区感觉消失，四肢及躯干所有肌肉均瘫痪，早期呈连枷状。若损伤区继发水肿、出血，波及颈 3 节段脊髓或更高节段，可造成膈肌瘫痪，自主呼吸困难甚至丧失，造成死亡。

颈5节段损伤：除颈部、锁骨下区域外，所有感觉均消失，肩部因肩胛提肌、斜方肌的牵拉而耸起，自三角肌以下的肌肉均瘫痪，两上肢完全不能做自主活动，肱二头肌反射减弱或消失。

颈6节段损伤：除肩部三角区、上臂及前臂背外侧感觉存在外，上肢其余部分及躯干感觉完全丧失。肩可上抬，上肢可外展、屈肘（三角肌和肱二头肌可收缩但肌力弱），肱桡肌和桡腕长伸肌可运动，余运动均消失。肱二头肌反射可正常，但肱三头肌与其他腱反射均消失。

3. 低位颈髓损伤　低位颈髓损伤包括颈7至胸1节段脊髓损伤。

颈7节段损伤：上肢感觉除上臂、前臂内侧、手3～5指外均存在，躯干及双下肢运动感觉消失，肱二头肌肌力正常，旋前圆肌、桡侧屈腕肌肌力减弱，可屈肘、屈腕和前臂旋前，但伸肘功能减弱，手指屈伸功能基本丧失。

颈8节段损伤：前臂内侧、手掌尺侧及手4～5指、躯干及下肢出现感觉障碍，肘可伸屈，上肢肌肉瘫痪主要表现在以尺神经支配的肌肉群上，表现为爪形手。肱二头肌、三头肌及桡骨膜反射存在。

胸1节段损伤：上肢腋下、上臂内侧感觉丧失，上肢以尺神经支配的手内在肌群减弱或麻痹，上肢各关节功能基本正常。胸1节段内的灰质外侧角有交感神经纤维通过，损伤后可出现单侧或双侧 Horner 征，表现为瞳孔缩小、眼睑下垂及同侧汗腺分泌障碍。

4. 胸脊髓节段损伤　依据躯体的感觉平面及深浅反射，比较容易确定胸脊髓节段损伤。

损伤平面在胸2～5，临床表现为感觉平面在乳头以上消失，损伤平面以下的肌肉如肋间肌、腹肌及下肢肌肉均瘫痪，腹壁反射、提睾反射及下肢深反射均消失。

若剑突至肋弓感觉减退、肋弓以下感觉消失，表明损伤平面在胸8

节段;损伤在胸 11 平面,肋弓及脐感觉减退,脐以下感觉消失。

临床上常根据一些特殊解剖部位来判定感觉平面:胸 6 在剑突水平,胸 7～8 在肋弓下,胸 9 在上腹部,胸 10 平脐,胸 11 在下腹部,胸 12 在腹股沟。

腹壁反射在胸 8 节段损伤全部消失,胸 12 节段损伤时,腹壁反射均存在,但提睾反射、膝腱反射消失。

5. 腰脊髓节段损伤

腰 1～2 节段损伤:整个下肢及会阴部感觉均丧失,下肢三大关节运动肌群均瘫痪,下肢各反射均消失。

腰 3 节段损伤:除股前外侧皮肤感觉存在外,股内侧及反部、膝以下以及会阴部感觉均丧失。髂腰肌肌力弱,髋内收肌群和股四头肌肌力明显减弱,下肢外展及膝以下诸肌肉瘫痪,膝反射减弱,踝反射消失。

腰 4 节段损伤:小腿内侧感觉减弱,小腿外侧以下及会阴鞍区感觉消失,股四头肌和内收肌群肌力弱,臀大肌和臀中肌以及膝下诸肌瘫痪,可勉强行走,但步态不稳,足下垂,呈拖拉鸭步状。

腰 5 节段损伤:小腿外侧感觉减退,小腿后下方、足背及会阴鞍区感觉丧失,臀大、中肌肌力弱,为 3～4 级,阔筋膜张肌肌力多为 1～2 级,股后肌群及腓骨肌群瘫痪。由于髂腰肌和髋内收肌肌力明显大于外展和后伸肌群的拮抗作用,髋关节呈屈曲内收畸形,而膝关节过伸、足下垂内翻畸形。

6. 骶脊髓损伤

骶 1 节段损伤:小腿后侧及足底感觉减弱,大腿后侧及会阴鞍区感觉消失。股二头肌及半腱肌半膜肌的肌力减弱,踝跖屈肌和趾屈肌瘫痪,呈跟型足畸形,踝反射消失,膀胱、直肠括约肌障碍。

骶 2 节段损伤:为圆锥损伤,股后侧感觉减退,足底及会阴鞍区感觉消失,足内在肌及括约肌瘫痪,不能用足尖站立。由于足背伸肌力较强，足底屈肌力弱，刺激足底可出现足趾背伸现象，称为周边 Babinski 征。跟腱反射可减退。

骶 3 以下节段损伤：主要表现为会阴及鞍区感觉障碍，下肢肌群无明显影响，膀胱括约肌可保留部分功能，肛门括约肌反射及球海绵体反射减弱，性功能障碍。

7. 马尾神经损伤　主要表现为各种神经根性损伤，皮肤感觉障碍和肌肉瘫痪，与断裂或损伤的神经根有关，表现不一，可以是完全性损伤、部分马尾损伤、单侧或双侧马尾损伤，双侧不一定在同一平面，依据其支配的感觉（皮节）和肌节功能障碍诊断。

临床上，当脊髓损伤处于休克期时，神经系统的表现为完全性截瘫，此时通过神经系统检查大致能确定脊髓损伤的平面，但该损伤平面不能确切地反映实际的脊髓损伤节段，这是由于脊髓损伤后的几天内，由于创伤性反应，脊髓水肿，出血广泛，波及一些原先正常的脊髓组织，导致截瘫平面的确定上有些模糊。随着炎症的消退、水肿出血的逐渐吸收、微循环的重新建立，经过数周后神经损伤的平面就能比较明确和固定，特别是完全性损伤。

通过神经系统检查，结合 X 线、CT、MRI 检查以及损伤脊椎与脊髓节段对应的关系，临床上确定脊髓受伤的平面还是比较容易。

# 第六章 脊柱损伤程度鉴定

《人体损伤程度鉴定标准》于 2014 年 1 月 1 日起施行，同时废止了《人体重伤鉴定标准》(司发〔1990〕070 号)、《人体轻伤鉴定标准(试行)》(法〈司〉发〔1990〕6 号)和《人体轻微伤的鉴定》(GA/T 146—1996)，实现了损伤程度鉴定标准整体融合。

## 第一节 脊柱损伤程度鉴定原则

一、遵循实事求是的原则，坚持以致伤因素对人体直接造成的原发性损伤及由损伤引起的并发症或者后遗症为依据，全面分析，综合鉴定。

二、对于以原发性损伤及其并发症作为鉴定依据的，鉴定时应以损伤当时伤情为主、损伤的后果为辅，综合鉴定。

三、对于以组织器官功能障碍作为鉴定依据的，鉴定时应以损伤的后果为主、损伤当时伤情为辅，综合鉴定。

四、以原发性损伤为主要鉴定依据的，伤后即可进行鉴定；以损伤所致的并发症为主要鉴定依据的，在伤情稳定后进行鉴定。

五、以容貌损害或者组织器官功能障碍为主要鉴定依据的，在损伤 90 日后进行鉴定；在特殊情况下可以根据原发性损伤及其并发症出具鉴定意见，但须对有可能出现的后遗症加以说明，必要时应进行复检并予以补充鉴定。

六、疑难、复杂的损伤，在临床治疗终结或者伤情稳定后进行鉴定。

七、伤病关系处理原则：如对伤病共存的情形强调，本次损伤为主要作用的，既往伤/病为次要或者轻微作用的，应依据本标准相应条款进行鉴定。损伤与既往伤/病共同作用的，即二者作用相当的，应依据本标准相应条款适度降低损伤程度等级，重伤可鉴定为轻伤，轻伤可鉴定为轻微伤。既往伤/病为主要作用的，不宜进行损伤程度鉴定，只说明因果关系。

八、医疗因素排除原则：不因及时就医减轻损伤程度评定，而有医疗损害因素介入不得加重原发损伤程度的评定。

## 第二节 脊柱损伤程度鉴定标准

### 一、损伤程度分级概述

损伤程度分别为重伤一级、重伤二级、轻伤一级、轻伤二级、轻微伤。

重伤一级是指各种致伤因素所致的原发性损伤或者由原发性损伤引起的并发症，严重危及生命；遗留肢体严重残废或者重度容貌毁损；严重丧失听觉、视觉或者其他重要器官功能。

重伤二级是指各种致伤因素所致的原发性损伤或者由原发性损伤引起的并发症，危及生命；遗留肢体残废或者轻度容貌毁损；丧失听觉、视觉或者其他重要器官功能。

轻伤一级是指各种致伤因素所致的原发性损伤或者由原发性损伤引起的并发症，未危及生命；遗留组织器官结构、功能中度损害或者明显影响容貌。

轻伤二级是指各种致伤因素所致的原发性损伤或者由原发性损伤引起的并发症，未危及生命；遗留组织器官结构、功能轻度损害或者影响容貌。

轻微伤是指各种致伤因素所致的原发性损伤，造成组织器官结构轻微损害或者轻微功能障碍。

重伤二级是重伤的下限，与重伤一级相衔接，重伤一级的上限是致人死亡；轻伤二级是轻伤的下限，与轻伤一级相衔接，轻伤一级的上限与重伤二级相衔接；轻微伤的上限与轻伤二级相衔接，未达轻微伤标准的，不鉴定为轻微伤。

## 二、具体分级标准

重伤一级：

(1) 脊髓损伤致四肢瘫(三肢以上肌力 3 级以下)。

(2) 脊髓损伤致截瘫(肌力 2 级以下)，伴大便、小便失禁。

重伤二级：

(1) 脊髓损伤致单肢瘫(肌力 3 级以下)。

(2) 脊髓损伤致重度肛门失禁或者重度排尿障碍。

轻伤一级：

(1) 脊髓损伤致排便或者排尿轻度功能障碍。

(2) 脊髓挫裂伤。

(3) 一节椎体压缩骨折超过 1/3 以上；两节以上椎体骨折；三处以上横突、棘突或者椎弓骨折。

轻伤二级：

（1）椎骨骨折或者脊椎脱位（尾椎脱位不影响功能的除外）。

（2）外伤性椎间盘突出。

轻微伤：

（1）骨挫伤。

（2）尾椎脱位。

## 第三节　脊柱损伤程度鉴定实务

1. 对脊柱损伤程度鉴定时，首先是要明确诊断。影像学检查对脊柱损伤的诊断具有重要价值，如X线平片、CT扫描、MRI扫描等。X线侧位片能够比较清楚地显示椎体骨折情况。在依据X线进行诊断时，必须具备以下三条：（1）椎体前上角骨折块；（2）椎体前缘及两侧皮质发生皱折、中断、嵌入或断裂，皮质呈“台阶”样隆起；（3）椎体内出现横行致密线，边缘较模糊，位于椎体面下0.5～1 cm或在椎体中心。不能仅根据椎体变形，将非外伤性椎体变扁或楔行变诊断为骨折。因为椎体变形不是骨折的唯一征象，在临床上，还常见于儿童佝偻病后遗椎体变形、椎体骨能骨化障碍及椎体发育变异等。

2. 明确诊断后，要辨别脊柱损伤的时间，即分辨新旧损伤，这是法医学鉴定中经常遇到和必须解决的问题。有时单纯依据损伤后的X线平片、CT扫描所见，并不能直接判定是新鲜还是陈旧性损伤。特别是在老年伤者，自身有脊柱退行性病变，而基层医院条件有限，仅能行X线检查，即使有CT检查，也因CT设备不够先进，影像学检查仅能发现楔行改变，不能鉴别新旧损伤。从各方面了解既往有无脊柱损伤史，最好能够取得损伤以前的X线或CT片资料，进行损伤前后对照，可以鉴别新旧损伤。如果没有伤前影像资料，就应兼顾损伤部位软组织情况和伤后的临床表现，是否伤后立即出现腰背部剧烈疼痛、不能直立行走等症状，各项体征是否支持此次外力导致脊柱损伤，症状、体征的转归是否符合脊柱损伤的规律等。另外，动态观察不同时间的 X 线片、CT 片变化，也是一种行之有效的方法。MRI 检查在鉴别脊柱新旧损伤上具有极高的价值，能很好显示脊柱和相邻周围软组织包括韧带（尤其是后纵韧带和椎间韧带）的损伤，在条件许可的情况下，损伤后及早行 MRI 扫描检查。

3. 侧重损伤后果的鉴定，要掌握好鉴定时机，重视后期功能对损伤程度的影响。单纯单一椎体损伤进行损伤程度鉴定并不困难，但对于合并脊髓损伤的案例，进行损伤程度鉴定则比较复杂，考虑因素较多。首先，脊髓损伤要有客观检查证实，包括影像学或电生理检查等。其次，应当在临床治疗终结后进行鉴定，包括后期功能康复锻炼治疗，应当在经常规治疗终结、伤情稳定或虽有某些新的疗法，但是目前不能确定其疗效时，再作脊柱的损伤程度鉴定，一般在伤后 6 个月以上鉴定为宜。最后，应注意脊髓损伤的被鉴定人本身存在一定的主观因素影响。

4. 被鉴定人的主观影响因素。脊髓损伤主要临床表现是脊椎节段损伤平面以下感觉与运动发生不同程度的障碍，常危及患者生命或遗留终身残疾。脊髓各段受累后视部位不同，其功能障碍的范围及程度亦不同。脊髓的损伤程度鉴定，主要基于对脊髓受累部位的定位，而定位则依赖于被鉴定人对各种感觉检查的灵敏度，因而易受个体差异的影响。同时被鉴定人可能出于某种目的而不配合检查，这就需要鉴定人利用自己的医学知识和经验进行鉴别。

5. 截瘫是指双上肢或双下肢瘫痪，不包括周围神经损伤或肌肉疾病引起的某些肌群肌力下降、肌体部分肌瘫及功能性（癔症性）瘫痪。第 3 胸椎以下的脊髓损伤所引起的截瘫称为下半身截瘫。第 2 胸椎以上的脊髓横贯性病变称为高位截瘫，一般都会出现四肢瘫痪，其他如感觉障碍、大小便失禁等都和下半身截瘫相同。

6. 脊髓器质性损伤导致肛门失禁或排尿障碍，不包括消化系统（如肛管本身损伤）或泌尿系统（如尿道损伤）等。

肛门失禁分为：① 重度：大便不能控制；肛门括约肌收缩力很弱或者丧失；肛门括约肌收缩反射很弱或者消失；直肠内压测定，肛门注水法$<$20 cm $H_2O$。② 轻度：稀便不能控制；肛门括约肌收缩力较弱；肛门括约肌收缩反射较弱；直肠内压测定，肛门注水法 20～30 cm $H_2O$。

排尿障碍分为：① 重度：出现真性重度尿失禁或者尿潴留残余尿$\geqslant$50 mL。② 轻度：出现真性轻度尿失禁或者尿潴留残余尿$<$50 mL。

7. 准确分析外伤与疾病在引起椎间盘突出后果中作用力的大小。椎间盘突出主要发生在颈部、腰部。美国骨科医师学会对腰椎间盘病变的命名定义如下：(1) 椎间盘正常，即椎间盘无退变，所有椎间盘组织均在椎间盘内。(2) 椎间盘膨出，即椎间盘纤维环环状均匀性超出椎间隙范畴，椎间盘组织没有呈局限性突出。(3) 椎间盘突出，即椎间盘组织局限性移位超过椎间隙，移位椎间盘组织尚与原椎间盘组织相连，其基底连续部直径增大超出椎间隙。(4) 椎间盘脱出，即移位椎间盘组织直径大于基底连续部，并移向于椎间隙之外，脱出的椎间盘组织块大于破裂的椎间盘间隙，并通过此裂隙位于椎管内。本标准所指的椎间盘突出包括(3)和(4)。对于椎间盘突出，鉴定时应充分考虑到伤者的年龄、职业，特别是椎体、关节、韧带等有无退行性变，并根据外力的大小，认真分析损伤和疾病（退行性病）在损害后果中的作用程度。对于年轻人，脊柱遭受较大暴力，临床出现椎间盘突出症的症状和体征，影像学检查确证椎间盘突出，椎体、关节、韧带无明显退行性变，可考虑外伤与椎间盘突出之间存在直接因果关系，并依据相应条款，鉴定为轻伤。对于伤者患有明显的脊柱畸形、脊柱不稳定、脊柱退行性变等，而伤后出现椎间盘突出的临床表现，影像学检查确证椎间盘突出，原则上不认为外伤是引起椎间盘的直接原因，应按照伤病关系降级原则进行损伤程度鉴定，或只进行伤病关系分析。

## 第四节 案例评析

### 一、椎体骨质疏松病理性骨折案例

**案情**：王某，女，68岁。因纠纷被人推倒臀部着地，感腰部疼痛，不能活动。伤后当日就诊，查体示其腰部肿胀不明显，胸腰段棘突有压痛、叩击痛，椎旁有压痛、叩击痛，胸腰段活动受限。X线示：T12、L1椎体形态变扁，骨质密度减低，呈楔行改变。CT示：T12、L1椎体压缩呈楔形样改变，骨质密度不均，椎管形态可，胸腰椎体不同程度骨质增生，T12椎体右上缘见许莫氏结节。MRI示：L1椎体变扁呈前窄后宽楔形改变，椎体被压缩约1/3，椎体内见斑片状及线样长T1/短T2信号影，硬膜囊稍受压，相应椎管变窄；T12椎体变扁，信号改变。临床诊断：老年性骨质疏松症，L1压缩性骨折，T12陈旧性骨折，腰椎退行性变。住院期间行L1椎体成形术，术后恢复良好。伤后1个月进行损伤程度鉴定，法医学临床检验示其胸腰椎部见手术瘢痕，胸腰椎生理弯曲稍变直，腰部活动轻度受限等。

**分析**：老年性骨质疏松症是一种全身性骨骼疾病，其特征是骨量下降和骨的细微结构破坏，导致骨力学强度的下降，骨的脆性增加，骨折的危险性增加，在轻微外力作用下即可发生骨折，属于骨质疏松病理性椎体骨折。本例王某为女性老人，被人推倒，臀部着地，出现L1

椎体压缩性骨折，因患有老年性骨质疏松症，属于骨质疏松病理性椎体骨折，系老年性骨质疏松症的严重并发症。本次轻微外伤诱发了病理性骨折发生，根据《人体损伤程度鉴定标准》第 4.3.3 条之规定，不宜作损伤程度评定，仅说明因果关系。依据损害后果与致伤因素之间的因果关系分析，其致伤因素的参与度为轻微因果关系，参与度为5％～15％。

## 二、椎体新旧损伤鉴别案例

**案情**：陆某，女，57 岁，于 2008 年 11 月 30 日因纠纷受伤。伤后三天就诊，门诊查体示其腰部叩击痛阳性。X 线示 L1 椎体压缩性骨折，老年性骨质疏松。建议 CT 检查，患者拒绝。司法机关委托要求对陆某的损伤程度进行鉴定。

法医学临床检验：陆某，女，57 岁，步入检查室，神志清楚，问答切题，查体合作，脊柱胸腰段无畸形，生理弯曲存在，无明显压痛，双下肢肌力、肌张力、感觉正常。读 2008 年 12 月 3 日腰椎正侧位片示：腰 1 椎体稍扁，呈楔形变，以右缘为明显，右外缘皮质稍扭曲伴增生，右上角见骨质增生变尖，未见明确的骨皮质断裂。

**分析**：本案鉴定难点是仅有伤后早期 X 线片，没有早期进行 CT、MRI 检查，仅凭腰椎体楔形变诊断腰椎压缩性骨折，不能明确骨折新旧损伤。陆某伤后 3 天腰部正侧片示腰 1 椎体稍扁，呈楔形变，以右缘为明显，右外缘皮质稍扭曲伴增生，右上角见骨质增生变尖，未见明确的骨皮质断裂，该影像表现一般为腰椎退变陈旧性改变，但不能排除椎体轻微新鲜骨折存在，MRI 检查可以明确新旧损伤，但委托鉴定在伤后 6 个月之后，CT、MRI 检查已无判断价值，最好的解决办法就是按现有 X 线片拍摄的角度、部位重新拍摄 X 线片，与前片进行比较。若无明显变化，未见明确骨折愈合后征象，如骨痂、骨桥的形成、骨质硬化等表现，则椎体楔形变系陈旧性损伤可能性大，不宜评定损伤程度。若有明确骨折愈合后征象改变，则不能排除椎体楔形变系本次纠纷所致，考虑刑事证据需排除合理怀疑，可以说明因果关系，不宜作损伤程度评定。

## 三、椎弓崩裂案例

**例 1** 王某，男，56 岁。2011 年 9 月 9 日被他人拳击后背跌倒受伤。伤后诉腰部疼痛，当日门诊检查示其第 4、5 腰椎处压痛，腰部活动受限。X 线片提示腰 4 椎弓崩裂伴轻度滑脱。门诊诊断为“外伤性腰 4 椎弓崩裂伴轻度滑脱”。同年 9 月 12 日法医学临床检验示其第 4、5 腰椎处压痛、叩击痛(＋)，腰部活动稍受限。复查腰椎 MRI 示其腰 4 椎弓崩裂伴椎体滑脱，腰椎周围软组织未见挫伤、水肿等异常信号。据此认为：王某腰 4 椎弓崩裂伴椎体轻度滑脱系外伤所致缺乏依据，不作损伤程度的评定。

**例 2** 伍某，男，30 岁。2009 年 9 月 1 日因纠纷被他人用扁担击中腰部致腰部活动受限伴双下肢麻木、活动受限。当日门诊病历查体记载：腰 4、5 椎棘突处肿胀，压痛，双下肢活动稍受限，双下肢感觉减退。X 线片提示腰 4 椎弓崩裂伴椎体轻度滑脱。同年 9 月 5 日法医学临床检验示其第 4 腰椎棘突处青紫肿胀、叩痛，腰部活动受限，双下肢活动可，感觉轻度障碍。复查腰椎 MRI 示腰 4 椎弓双侧崩裂伴椎体轻度滑脱、腰 4 椎体周围软组织血肿。据此认为：伍某腰 4 椎弓双侧崩裂伴椎体轻度滑脱系外伤所致。

**例 3** 单某，男，56 岁。2013 年 7 月 31 日因交通事故致腰部受伤，当时主诉腰痛伴活动受限。门诊查体示其四肢及腰背多处皮肤片状擦伤，腰部叩痛，腰部活动受限，会阴部感觉障碍。摄 X 线片示其第 5 腰椎椎弓双侧崩裂。次日腰椎 CT 示腰 5 椎弓根双侧断裂不连，椎弓根断裂处骨端钝化，周围软组织未见水肿、出血表现。据此认为：单某腰5椎弓根双侧骨不连不是本次外伤所致，考虑陈旧性损伤或椎弓先天性发育不良，但外伤加重了症状。

**分析**：在实际检案中，椎弓崩裂大多数属于非外伤性，属于自身性疾病，外伤性的极少。椎弓崩裂法医学鉴定的注意事项：① 知悉案情，如外力作用的方式、强度、持续时间等，外伤性椎弓崩裂必须具有直接的强大暴力，间接暴力一般不可能形成。② 了解伤后的临床表现，外伤性椎弓崩裂的症状如疼痛、脊髓或神经根压迫症状等一般重于非外伤性的。③ 注重影像学的检查，主要是X线、CT扫描。要动态观察和对比分析骨折缘的形态变化、骨痂生长和改建变化、临近组织的损伤征象与变化等。早期MRI亦具有较高的诊断价值，能够直接显示椎体附近韧带的损伤和脊髓的损伤，是判定新鲜损伤的直接依据。

## 四、椎间盘突出案例

**案情**：王某，男，56岁。因纠纷被人从背部猛推，回家后感颈部疼痛，不能活动。随后就诊，查体示其颈部无明显畸形，颈椎旁有压痛、叩击痛，颈部活动受限。X线示：颈椎明显退变。CT示：颈椎明显退变，颈5/6椎间盘轻度突出。MRI示：颈5/6椎间盘轻度突出，硬膜囊前缘受压。住院保守治疗。委托人要求对王某损伤程度进行鉴定。

**分析**：王某为老年男性，颈椎存在明显退变，其颈5/6椎间盘轻度突出主要系自身疾病所致。被人从背部猛推，颈部受伤属于间接作用，外力作用程度较轻，存在诱发或加重颈5/6椎间盘突出的可能，根据《人体损伤程度鉴定标准》第4.3.3条之规定，不宜作损伤程度评定，仅说明因果关系。依据损害后果与致伤因素之间的因果关系分析，其致伤因素的参与度为轻微因果关系，参与度考虑15%为宜。

# 第七章　脊柱伤残程度鉴定

伤残是指各种致伤因素(包括机械的、物理的、化学的、生物的以及其他各种致伤因素)造成的人体组织结构破坏或者功能障碍以及个体在现代临床医疗条件下难以恢复的生活、工作、社会活动能力不同程度的降低或丧失。“人体组织结构破坏”包括缺失或部分缺失、畸形或形态异常两个方面。“功能障碍”包括功能降低、功能丧失、功能紊乱。组织结构破坏和功能障碍可以单独存在,但多数同时存在。“生活、工作、社会活动能力”是进一步明确残疾严重程度的考察与评价方法。生活能力主要包括日常生活活动能力与日常生活自理能力,是个体作为正常健康成年人能够在离开他人帮助的情况下维持生命、独立生存的最基本能力。工作能力是指正常健康成年人应当具有从事轻微体力劳动与简单办公室工作(包括操持简单家务)的能力,非特指从事某一专门工种或职业的能力,是一个人能够有尊严地独立生存于社会必须具备的基本能力。社会活动能力包括更高层次与更广泛范围的内容,是一个人能够获得愉悦与生活乐趣而应当具备的基本能力。三种能力分别描述了个体作为生物人、家庭人、社会人在不同需求层次所需要的相应能力。“在现代临床医疗条件下难以恢复”的情形,实际上具有以下三个方面的内涵:一是人体损伤须经过及时的、合理的且符合现代临床医学原则的治疗;二是应当在原发性损伤及其并发症达到医疗终结后仍不可恢复的后果，方可进行伤残程度的鉴定；三是因伤者自身因素或者其他并非加害人过错导致以及未能经过及时、恰当治疗的损伤，不能简单按照最终损害后果评定伤残程度。

## 第一节 脊柱伤残程度鉴定原则

### 一、以损伤后果及结局作为鉴定依据的原则

损伤后应经过及时的、符合临床一般医疗原则的治疗，经临床治疗与必要的康复，症状已经消失或稳定，体征达到相对固定，经鉴定人评估，伤情难以继续恢复，符合鉴定时机的要求。以损伤后果及结局作为鉴定依据，但不能忘记原发性损伤及其并发症在鉴定中的重要性，鉴定人应充分评估原发性损伤及其并发症的严重程度，全面分析、综合评定其与最终后果或结局之间的关联程度，避免混淆诸如自身既往伤病、医疗因素、医疗配合因素等对最终后果或结局的影响，客观鉴定致残程度等级。

### 二、客观评价、科学分析的原则

鉴定时应坚持客观、科学的鉴定原则，对可能致残的损伤后果或者结局，应当尽可能以客观的方法进行检验、评价，避免完全依赖被鉴定人的主观陈述，减少鉴定人主观判断对鉴定意见的影响；分析损伤与最终后果或结局之间的因果关系，鉴定人应以专业理论知识、专门技能方法进行判断，避免以普通人的生活经验与常识判断不属于鉴定范围的问题；无论采用专业理论知识或专门技能方法进行鉴定，形成鉴定意见的过程应符合科学的方法论，具有严密的逻辑性，避免主观

臆断。

## 三、实事求是的原则

鉴定时坚持实事求是的原则，就是要以损伤的最终后果或结局作为鉴定依据，凡与损伤无关的症状、体征，均不能鉴定伤残等级，应严格按照标准的致残程度分级条款进行鉴定，不能随意曲解条款规定。在确实遇有分级条款以外的残情时，应严格按照附录中关于致残程度等级划分依据或原则，比照最相似等级的具体分级条款，本着合理、平衡、相当的原则，出具鉴定意见；在遇到损伤与最终后果或结局之间因果关系不能完全明确的情况下，要在鉴定意见书上加以表述。

## 四、一伤一残、多伤多残与晋级原则

被鉴定人符合两处以上致残程度等级者，鉴定意见中应该分别写明各处的致残程度等级，即不同残疾后果应分别评定伤残等级。某些鉴定标准存在晋级原则，即两处以上伤残等级不同的，以重者定级；如果两处及以上等级相同，最多晋升一级。

## 五、同一部位和性质的伤残鉴定原则

对同一部位和性质的伤残，不应采用标准分级条文两条以上或者同一条文两次以上进行评定。

## 六、对原有伤病残疾及合并症的处理原则

在鉴定中，对本次伤情加重原有伤病残疾等级，以鉴定时实际的致残结局为依据进行等级评定，同时对原有伤病残疾进行等级评定；对本次伤情与原有伤病残疾产生合并症，以鉴定时实际的致残结局为依据进行等级评定，并对两者参与致残的原因进行评价，即明确参

与度。

但在劳动能力鉴定过程中，有特别规定，即工伤或职业病后出现合并症，其致残等级的评定以鉴定时实际的致残结局为依据。如受工伤损害的器官原有伤残或疾病史，即：单个或双器官（如双眼、四肢、肾脏）或系统损伤，本次鉴定时应检查本次伤情是否加重原有伤残。如若加重原有伤残，鉴定时按事实的致残结局为依据；若本次伤情轻于原有伤残，鉴定时则按本次伤情致残结局为依据。

## 第二节　脊柱伤残程度鉴定时机

鉴定应在原发性损伤与其与之确有关联的并发症治疗终结或者临床治疗效果稳定后进行。原发性损伤与其与之确有关联的并发症已经符合临床一般医疗原则的治疗与必要的康复，症状已经消失或稳定，体征达到相对固定，经评估其组织器官结构破坏或功能障碍符合难以继续恢复的情形。治疗及康复期原则上不超过 2 年。在判定是否符合鉴定时机时，应以临床治愈或者好转标准作为是否符合医疗终结的判断依据。脊柱损伤中，骨折的治愈标准是：骨折复位良好，骨折线消失，基本达到骨性愈合，功能得到有效恢复，局部症状消失；骨折的好转标准：骨折线消失或不再出现动态变化，功能部分恢复，症状和体征趋于稳定；脊髓损伤的治愈好转标准：相关肢体功能恢复或症状、体征趋于稳定。

# 第三节 脊柱伤残程度鉴定标准

## 一、伤残程度分级依据

在司法鉴定实践中，目前使用较多的有关脊柱伤残程度鉴定标准有：《道路交通事故受伤人员伤残评定》(GB/T 18667—2002)、《劳动能力鉴定 职工工伤与职业病致残等级》(GB/T 16480—2014)、2016年4月18日最高人民法院、最高人民检察院、公安部、国家安全部和司法部联合发布的《人体损伤致残程度分级》等。主要依据以下几方面进行伤残分级：

1. 脊柱骨折程度作为分级依据的有：(1) 椎体压缩性骨折，一般以椎体高度1/3、1/2以上压缩作为判定依据；(2) 椎体粉碎性骨折；(3) 特殊部位骨折，如枢椎齿状突骨折；(4) 椎体附件骨折，如横突骨折、棘突骨折或椎弓根骨折；(5) 脊柱骨折后遗侧弯或后凸畸形，是否影响运动、呼吸、神经功能等；(6) 经手术治疗后。

2. 椎体脊髓损伤后遗症，主要是根据肢体瘫痪、感觉障碍、大小便功能障碍等严重程度进行分级。

3. 脊柱活动功能障碍，主要是颈部和腰部，一般以10%、25%、50%、75%及完全丧失作为分级依据。

4. 胸椎畸形愈合及影响呼吸功能的严重程度进行分级。

## 二、伤残程度分级的具体鉴定标准

### (一)《道路交通事故受伤人员伤残评定》(GB/T 18667—2002)

本标准适用于交通事故受伤人员伤残程度的评定，为交通事故人身损害赔偿提供依据。

Ⅰ级伤残：

4.1.1 脊髓及周围神经损伤致：c) 四肢瘫（三肢以上肌力 3 级以下）；d) 截瘫（肌力 2 级以下）伴大便和小便失禁。

4.1.3 脊柱胸段损伤致严重畸形愈合，呼吸功能严重障碍。

Ⅱ级伤残：

4.2.1 颅脑、脊髓及周围神经损伤致：d) 四肢瘫（两肢以上肌力 2 级以下）；e) 偏瘫或截瘫（肌力 2 级以下）。

4.2.3 脊柱胸段损伤致严重畸形愈合，呼吸功能障碍。

Ⅲ级伤残：

4.3.1 脊髓及周围神经损伤致：e) 四肢瘫（两肢以上肌力 3 级以下）；f) 偏瘫或截瘫（肌力 3 级以下）；g) 大便和小便失禁，难以恢复。

4.3.3 脊柱胸段损伤致严重畸形愈合，严重影响呼吸功能。

Ⅳ级伤残：

4.4.1 脊髓及周围神经损伤致：c) 四肢瘫（两肢以上肌力 4 级以下）；d) 偏瘫或截瘫（肌力 4 级以下）；e) 阴茎勃起功能完全丧失。

4.4.3 脊柱胸段损伤致严重畸形愈合，影响呼吸功能。

Ⅴ级伤残：

4.5.1 脊髓及周围神经损伤致：e) 偏瘫或截瘫（一肢肌力 2 级以下）；f) 单瘫（肌力 2 级以下）；g) 大便或小便失禁，难以恢复。

4.5.3 脊柱胸段损伤致畸形愈合，影响呼吸功能。

Ⅵ级伤残：

4.6.1 脊髓及周围神经损伤致：c) 偏瘫或截瘫（一肢以上肌力 3 级以下）；d) 单瘫（肌力 3 级以下）；e) 阴茎勃起功能严重障碍。

4.6.3 脊柱损伤致颈椎或腰椎严重畸形愈合，颈部或腰部活动度完全丧失。

Ⅶ级伤残：

4.7.1 颅脑、脊髓及周围神经损伤致：e）偏瘫或截瘫（一肢肌力4级）；f）单瘫（肌力4级）。

4.7.3 脊柱损伤致颈椎或腰椎畸形愈合，颈部或腰部活动度丧失75%以上。

Ⅷ级伤残：

4.8.1 脊髓及周围神经损伤致：d）阴茎勃起功能障碍。

4.8.3 脊柱损伤致：a）颈椎或腰椎畸形愈合，颈部或腰部活动度丧失50%以上；b）胸椎或腰椎两椎体以上压缩性骨折。

Ⅸ级伤残：

4.9.1 脊髓及周围神经损伤致：f）严重影响阴茎勃起功能。

4.9.3 脊柱损伤致：a）颈椎或腰椎畸形愈合，颈部或腰部活动度丧失25%以上；b）胸椎或腰椎一椎体粉碎性骨折。

Ⅹ级伤残：

4.10.1 脊髓及周围神经损伤致：a）神经功能障碍，日常活动能力轻度受限；h）一肢体完全性感觉缺失；j）影响阴茎勃起功能。

4.10.3 脊柱损伤致：a）颈椎或腰椎畸形愈合，颈部或腰部活动度丧失10%以上；b）胸椎畸形愈合，轻度影响呼吸功能；c）胸椎或腰椎一椎体1/3以上压缩性骨折。

根据上述分级标准，交通事故有关脊柱损伤的伤残等级分级从以下四个方面进行分级：① 脊柱损伤致脊髓及周围神经损伤后出现肢体肌力下降、感觉障碍、阴茎勃起功能障碍；② 脊柱胸段损伤致脊柱畸形的程度及影响呼吸功能的程度；③ 颈椎、腰椎损伤后畸形愈合伴颈部、腰部活动功能丧失程度；④ 胸、腰椎骨折程度及数量。

（二）《劳动能力鉴定 职工工伤与职业病致残等级》（GB/T 16480—2014）

本标准适用于职工在职业活动中因工负伤和因职业病致残程度的鉴定，保障因工作遭受事故伤害或者患职业病的劳动者获得医疗救治和经济补偿。

一级：四肢瘫肌力≤3 级或三肢瘫肌力≤2 级。

二级：三肢瘫肌力 3 级；截瘫肌力≤2 级；双手全肌瘫肌力≤2 级。

三级：截瘫肌力 3 级；双足全肌瘫肌力≤2 级。

四级：单肢瘫肌力≤2 级；双手部分肌瘫肌力≤2 级；永久性膀胱造瘘；重度排尿障碍；神经源性膀胱，残余尿≥50 mL。

五级：四肢瘫肌力 4 级；单肢瘫肌力 3 级；双手部分肌瘫肌力 3 级；一手全肌瘫肌力≤2 级；双足全肌瘫肌力 3 级；脊柱骨折后遗 30°以上侧弯或后凸畸形，伴严重根性神经痛。

六级：三肢瘫肌力 4 级；截瘫双下肢肌力 4 级伴轻度排尿障碍；双手全肌瘫肌力 4 级；一手全肌瘫肌力 3 级；双足部分肌瘫肌力≤2 级；单足全肌瘫肌力≤2 级。

七级：截瘫肌力 4 级；单手部分肌瘫肌力 3 级；双足部分肌瘫肌力 3 级；单足全肌瘫肌力 3 级；轻度排尿障碍。

八级：单肢体瘫肌力 4 级；单手全肌瘫肌力 4 级；双手部分肌瘫肌力 4 级；双足部分肌瘫肌力 4 级；单足部分肌瘫肌力≤3 级；脊椎压缩骨折，椎体前缘高度减少 1/2 以上者或脊柱不稳定性骨折；3 个及以上节段脊柱内固定术。

九级：两个以上横突骨折；脊椎压缩骨折，椎体前缘高度减少小于 1/2 者；椎间盘髓核切除术后；1～2 节脊柱内固定术。

十级：急性外伤导致椎间盘髓核突出，并伴神经刺激征者；身体各部位骨折愈合后无功能障碍或轻度功能障碍者。

根据上述分级标准，劳动能力鉴定有关脊柱损伤的伤残等级分级从以下四个方面进行分级：① 脊柱损伤致脊髓及周围神经损伤后出现肢体肌力下降以及手、足肌力下降、排尿功能障碍；② 脊柱骨折及畸形愈合；③ 脊柱骨折内固定手术情况；④ 外伤性椎间盘突出及椎间盘髓核切除术。

## 三、人体损伤致残程度分级

2016 年 4 月 18 日，最高人民法院、最高人民检察院、公安部、国家安全部和司法部联合发布的《人体损伤致残程度分级》，自 2017 年 1 月 1 日起施行，适用于人身损害致残程度等级鉴定。

有关脊柱损伤的具体分级如下：

一级：四肢瘫（肌力 3 级以下）或者三肢瘫（肌力 2 级以下）；截瘫（肌力 2 级以下）伴重度排便功能障碍与重度排尿功能障碍。

二级：三肢瘫（肌力 3 级以下）；截瘫（肌力 2 级以下）。

三级：截瘫（肌力 3 级以下）伴排便或者排尿功能障碍；双手全肌瘫（肌力 2 级以下），伴双腕关节功能丧失均达 75%；重度排便功能障碍伴重度排尿功能障碍。

四级：截瘫（肌力 3 级以下）；阴茎器质性勃起障碍（重度）。

五级：四肢瘫（肌力 4 级以下）；单肢瘫（肌力 2 级以下）；双手大部分肌瘫（肌力 2 级以下）；双足全肌瘫（肌力 2 级以下）；排便伴排尿功能障碍，其中一项达重度。

六级：截瘫（肌力 4 级以下）伴排便或者排尿功能障碍；双手部分肌瘫（肌力 3 级以下）；一手全肌瘫（肌力 2 级以下），伴相应腕关节功能丧失 75%以上；双足全肌瘫（肌力 3 级以下）；阴茎器质性勃起障碍（中度）；脊柱骨折后遗留 30°以上侧弯或者后凸畸形。

七级：截瘫（肌力 4 级以下）；单肢瘫（肌力 3 级以下）；一手大部分肌瘫（肌力 2 级以下）；一足全肌瘫（肌力 2 级以下）；重度排便功能障碍或者重度排尿功能障碍。

八级：单肢瘫（肌力4级以下）；一手大部分肌瘫（肌力3级以下）；一足全肌瘫（肌力3级以下）；阴茎器质性勃起障碍（轻度）；二椎体压缩性骨折（压缩程度均达1/3）；三个以上椎体骨折，经手术治疗后。

九级：一手部分肌瘫（肌力3级以下）；一足大部分肌瘫（肌力3级以下）；严重影响阴茎勃起功能；轻度排便或者排尿功能障碍；一椎体粉碎性骨折，椎管内骨性占位；一椎体并相应附件骨折，经手术治疗后；二椎体压缩性骨折。

十级：枢椎齿状突骨折，影响功能；一椎体压缩性骨折（压缩程度达1/3）或者粉碎性骨折；一椎体骨折经手术治疗后；四处以上横突、棘突或者椎弓根骨折，影响功能。

人身损害致残程度等级分级从以下两个方面进行分级：① 脊柱损伤致脊髓及周围神经损伤后出现肢体肌力下降以及手、足肌力下降，排尿排便功能障碍以及阴茎勃起功能；② 脊柱骨折类型、数量、处数及畸形，增加手术治疗。

在鉴定实务中应注意脊柱损伤致脊髓及周围神经损伤后遗肌力下降、感觉障碍、阴茎勃起功能障碍者，首先，需要存在相应的损伤基础，即有影像学证据表明脊髓、脊神经根压迫或损伤表现；其次，法医学临床检验有关肌力、感觉、阴茎勃起功能的主观检查，要结合伤后全部就诊病历资料包括门诊病历、入院记录、出院记录、病程记录等确定，如存在不吻合情况，需要分析原因，并增加客观检查，如肌电图、诱发电位等；第三，阴茎勃起功能障碍与躯体、心理因素有关，一般法医学临床鉴定机构不具备男子性功能障碍鉴定资质，需要由具有该鉴定资质的机构进行鉴定。

## 第四节 案例评析

### 一、儿童胸椎无骨折脱位脊髓损伤案例

**案情**：儿童蔡某在练习舞蹈做跪地下腰动作时摔倒，后出现双下肢活动感觉障碍，急诊 MRI 提示胸 7 以下脊髓损伤，脊柱无骨折脱位。查体见：耻骨联合以下及会阴部、双下肢感觉活动障碍，无红肿，双下肢麻木、乏力，不能行走、站立，乏力逐渐加重，伴腹痛、腹胀。临床诊断为脊髓横断性损伤(胸 7 水平)、截瘫。伤后 3 个月余复查 MRI 提示胸 9 水平以远脊髓形态异常，呈萎缩改变，脊髓后缘见条状增高信号影。EMG：双下肢所检肌见大量自发电活动，均无主动募集反应。NCV：双下肢所检肌刺激未记录到 CMAP，但腓浅神经与腓肠神经 SNCV 正常，双胫神经 H 反射未引出，提示双下肢神经源性损害肌电改变，下肢腰 2 至骶 1 节段支配肌均累及，考虑腰骶神经根及脊髓严重受损。

**法医临床检验**：伤后一年鉴定，轮椅推入检查室，诉伤后至今大小便失禁，生活不能自理。查体示其脐上 3.5cm 以下感觉消失，双下肢肌肉萎缩，肌力 0 级，巴氏征(—)。比照《道路交通事故受伤人员伤残评定》标准，评定为二级伤残。

**评析**：本案为典型的儿童胸椎无骨折脱位脊髓损伤，主要致伤原因有坠落、摔倒、车祸，其他原因包括砸伤、击伤、体育运动受伤和扭伤。研究文献报道，用力蹦跳、下腰、倒立、跌倒及腰部、臀部受击打或者臀部坠地均可导致。儿童胸椎无骨折脱位脊髓损伤多是上运动神经元损伤，其截瘫平面在上部胸椎者占 1/3，在下部胸椎者占 2/3，绝大多数为完全截瘫，且系松弛性瘫痪。多数病例表现为早期下肢瘫

痪，肌肉呈软瘫，腱反射消失，至晚期仍持续为下肢软瘫，提示其发病机制与脊髓缺血有关。影像学检查胸椎未见异常，脑脊液可见出血。MRI 检查早期 T2 可见脊髓信号中有长条状信号，3 个月后 MRI 示有脊髓萎缩变细表现，提示为完全性损伤。本例儿童胸椎无骨折脱位脊髓损伤的诊断的依据有：① 存在下腰训练向后弯曲身体时扭伤胸背部的外伤史。② 存在下腰训练前一切正常，损伤后当即脊髓横断性损伤致截瘫等临床症状和体征。③ 伤后 MRI 检查及脑脊液、肌电图等检查结果符合儿童胸椎无骨折脱位脊髓损伤后截瘫特点，即影像学检查骨质无异常，伤后早期见脊髓水肿，T7 以下脊髓损伤，脑脊液见出血，3 个月后 T9 以下脊髓萎缩改变；双下肢肌电图示神经源性损害改变，腰骼神经根及脊髓严重受损。④ 委托鉴定材料中未见感染性疾病或占位性疾病等相关资料。造成蔡某损伤的机制分析为：其下腰时躯体极度过伸，脊柱骨性结构和前纵韧带被动拉伸延长，黄韧带在屈曲作用下皱缩，突向椎管，减少了椎管内间隙。由于脊髓弹性系数小，脊髓被神经根、马尾等固定，被屈曲的胸椎被动压迫于椎管内，神经结构被迫吸收椎体的动能，从而受到横贯性、完全性的损伤。

## 二、成人无骨折脱位型颈髓损伤案例

案例 1

**案情**：施某，男，28 岁，于 2007 年 7 月 30 日驾驶二轮摩托车与重型自卸货车发生碰撞受伤。入院查体示其神清，全身多处挫伤擦伤，胸廓挤压征阳性，左手肿胀、触痛，可及骨擦感，活动受限，右上肢感觉过敏，肌力 1 级，右腕畸形，活动受限。摄片示其颈髓损伤、蛛网膜下腔出血、左手掌骨骨折、多发性肋骨骨折、右桡骨远端骨折等。行颈椎牵引等保守治疗。出院时右上肢肌力 3 级。

**法医学鉴定经过**：法医学临床检验示其右上肢肌力 4 级等，观察

2007 年 8 月 3 日颈椎 MRI 片示颈 4～5 脊髓挫伤及水肿伴相应区域颈背部软组织挫伤血肿，无颈椎骨折脱位及颈椎退变改变。观察 2008 年 8 月 18 日颈椎 MRI 片示脊髓挫伤及颈背部软组织挫伤均有部分吸收。参照《道路交通事故受伤人员伤残评定》(GB 18667—2002)第 4.7.1f 条之规定，评定为交通事故七级伤残。

案例 2

**案情**：缪某，女，55 岁，2016 年 4 月 16 日因交通事故受伤，右侧躯体着地，当即感右侧前臂内侧及手指疼痛麻木。入院查体示其脊柱无畸形，颈椎 5、6 棘突压痛、叩击痛，颈椎活动明显受限，压颈试验阳性，右侧上肢颈 5 神经支配区痛觉减退，右上肢腱反射正常。行颈托外固定对症治疗。2016 年 4 月 19 日转院查体示其颈部压痛，颈椎活动受限，右肱二头肌、肱三头肌肌力 4 级，前臂肌肌力 4 级，双手握力 4 级，双手示指痛性过敏，双侧 Hoffmann 征阳性。行颈后路椎管成形术等治疗。

**法医学鉴定经过**：法医学临床检验示其颈部活动受限，四肢肌力基本正常等。观察 2016 年 4 月 17 日颈椎 X 线片示颈椎生理曲度变直，诸颈椎体及附近未见明显骨折脱位征象，颈 4、5、6 椎体缘骨质增生，局部关节面硬化，钩突变尖，其椎间孔变小，颈 4、5、6 椎间隙狭窄，椎旁软组织未见异常，项韧带钙化。观察颈椎 MRI 片示 C3～7 椎间盘向后突出，硬膜囊前缘受压，神经管出口狭窄，脊髓形态信号未见明显异常。缪某颈椎明显退变伴椎间盘突出致椎管狭窄压迫脊髓，交通事故外力作用轻微，考虑其明显颈椎疾病是脊髓损伤的主要原因，其颈部活动受限不宜评定交通事故伤残等级。

**评析**：由于无骨折脱位型颈髓损伤常伴有颈椎椎管狭窄的病理基础，在损伤程度鉴定及伤残程度评定时，进行伤病关系判断的意义重大。对于颈椎病造成椎管明显狭窄、脊髓变性的老年人，所受外力轻微，其客观存在的颈椎病病理基础是脊髓损伤的直接原因，外力属间接因果关系，不宜据此进行损伤程度、伤残程度鉴定。如颈椎病造成一定程度的椎管狭窄，由于椎管储备空间下降，其颈髓损伤是在头颈部外伤和椎管狭窄共同作用下形成的，属临界型因果关系，在损伤程度评定时应降级评定，在伤残程度评定时要一并进行伤病比评定。对于部分年龄较轻，颈椎退行性改变不明显，NRI 上可见椎体骨挫伤、椎间盘、韧带水肿，表明所受外力强大，多系高能量损伤所致，此时，外伤应为颈髓损伤的直接原因，直接评定损伤程度、伤残程度。

## 三、椎弓崩裂案例

**案情**：2008 年 6 月 26 日，严某驾驶摩托车与轿车发生交通事故受伤。入院查体示其腰部压痛，右髋部有肿胀，压痛。X 线、CT 示：腰 5 椎弓崩裂伴腰 5 椎体轻度滑脱。行腰椎后路滑脱复位后减压融合内固定术治疗。法院委托要求对严某的伤残程度进行法医学鉴定。

**法医学临床检验**：男性，32 岁，腰背部正中见 9.5 cm 长之纵形切口瘢痕，腰部活动轻度受限。查腰部活动度(正常参考值/检查值)：前屈 90°/60°、后伸 30°/25°、侧屈 20°～30°/左 22°右 20°、旋转 30°/左 30°右 30°。读 2008 年 7 月 1 日腰椎 X 线、CT 片示其腰 5 双侧椎弓板断裂，断面硬化光滑，腰 5 轻度向前滑脱。

**评析**：椎弓崩裂是指椎体一侧或两侧的椎弓峡部或关节突间区的骨质失去其连续性，常伴有断裂椎弓上方椎体向前滑移即“真性滑脱”，是脊柱滑脱症中最为多见的，也是常见腰腿痛的原因之一。椎弓崩裂出现率约占成人 5%，最多见于下腰部(L4～5)，几乎都是双侧的，单侧者极为少见。椎弓崩裂是由多种因素引起，一般认为是在遗传发育不良的基础上，关节突局部遭受到反复的应力所造成一种疲劳骨折。严某受伤后数日摄片示腰 5 双侧椎弓板断裂，断面硬化光滑，说明其椎弓崩裂发生于本次交通事故之前，即腰 5 椎弓崩裂与本次交通事故之间不存在因果关系，同时基于腰 5 椎弓崩裂产生的脊柱滑脱亦与本次交通事故不存在因果关系，但不排除本次外伤加重脊柱滑脱。由于腰 5 椎弓崩裂伴腰 5 椎体滑脱程度较轻，系交通事故加重影响程度较小，故不宜评定交通事故伤残等级。

## 四、许莫氏结节误认为骨折案例

**案情**：2009 年 3 月 30 日，徐某被轿车撞伤，入院查体示其脊柱无畸形，腰 2、3 处棘突有压痛，双下肢肌力正常。摄片检查：L2、3 椎体压缩性骨折。给予对症保守治疗。某市医院鉴定所鉴定为交通事故八级伤残。保险公司提出异议，要求对徐某伤残等级重新进行鉴定。

**法医学临床检验**：法医学临床检验示其腰椎无侧弯后凸畸形，腰 2、腰 3 椎体叩击痛(＋)，双下肢肌力Ⅴ级。查腰部活动度(正常值/实测值)：前屈 90°/60°，后伸 30°/30°，侧屈 20°～30°/左 25°、右 25°，旋转 30°/左 25°、右 25°。观察 2009 年 3 月 30 日胸腰椎 X 线片示：腰椎骨质增生、疏松；L2 椎体稍压缩变扁，前缘皮质有扭曲；L3 右下缘明显压缩，骨皮质有反应性硬化，并见许莫氏结节，L3、L4 左旁见骨化影。观察 2009 年 3 月 30 日腰椎 CT 片示：L2 椎体前缘皮质断裂，前柱见骨折线；L3 椎体下缘向上凹陷，椎体内见硬化环，未见骨折线。鉴定意见为 L2 椎体为轻度压缩性骨折，L3 椎体为许莫氏结节，根据其腰部活动功能丧失 10％以上(不足 25％)，参照《道路交通事故受伤人员伤残评定》(GB 18667—2002)第 4.10.3a 条之规定，评定为十级伤残。

**评析**：许莫氏结节是指椎体的软骨板破裂，髓核可经裂隙突入椎体内，造成椎体内出现半圆形缺损阴影。如果不合并向椎体后缘突出，临床可无神经根受压体征。椎体的软骨板破裂系椎间盘退变后果，因此许莫氏结节是脊柱退变的表现。许莫氏结节在影像学表现为局部椎体受压，容易误认为是椎体压缩性骨折，在法医学鉴定过程中应予以重视。

# 第八章 脊柱损伤与疾病的因果关系鉴定

## 第一节 概述

因果关系是各种自然现象和社会现象之间的一种内在的必然联系。现实世界中任何现象的出现总是由另一现象引起，引起后一现象的现象称为原因，被引起的现象称为结果，两者之间的关系就是因果关系。因果关系是复杂多变的，往往一个损害后果的出现是由多个原因引起的，既可能有主要原因与次要原因，也包括直接原因与间接原因。区分主要原因与次要原因，主要是依据原因对损害后果作用的大小程度来判定。直接原因与间接原因则是根据原因行为是否与损害结果存在必然联系加以判断。直接原因直接产生损害结果，与结果具有必然联系；间接原因一般只是损害发生的偶然性条件，不必然产生损害后果。

在人体损伤案件中，常常会遇到损伤与疾病同时并存的问题。有的被鉴定人可能在受伤前就患有某种疾病，而在受伤后才显现或加重了疾病的临床症状；有的伤前表面上健康，无自觉症状，不觉得有病，或虽有疾病，但疾病症状显著轻微而损伤诱发或明显加重了症状的程度，甚至产生后遗症等。此时，需要鉴定人科学准确地判定损伤与疾病之间的因果关系，分析致伤因素在损害后果中原因力的大小，即参与度，从而为人民法院审理刑事、民事案件提供科学的证据。

## 第二节 因果关系判定原则

### 一、实事求是原则

一定要从客观实际出发，深入到客观事物中调查研究，以确定损伤与疾病的关系。

### 二、具体问题具体分析原则

探索从损伤到疾病的发生、发展过程，研究其时间间隔的规律性和病理变化的连续性。

应用医学和法医学的知识和技术，探索从损伤到发生疾病的时间间隔规律性。一般情况下，如果损伤在前、疾病在后，那么损伤与疾病的关系有如下三种情况：① 损伤与疾病无关；② 疾病是损伤直接引起的后遗症或并发症，损伤为原因、疾病为结果，二者之间具有直接因果关系；③ 伤前就患有某种潜在性病变，但症状显著轻微，疾病为基础，损伤为诱因，损伤使潜在性疾病的症状显现或加重潜在性疾病，二者之间具有间接因果关系。如果疾病在前，损伤在后，二者之间的因果关系只有两种情形：① 损伤与疾病无关；② 损伤加重了疾病的病程发展。

应用医学和法医学的知识和技术探索损伤与疾病之间病理过程的连续性，必须以公认的医学和法医学理论和技术为根据，具体案情具体分析，必要时可请临床专家会诊。

对多人所造成的多发性或复合性损伤，须确定某人、某次、某部位的损伤对疾病的发生、发展是主要的。

## 第三节 因果关系类型

应用医学、法医学的理论和技术，客观辩证地分析损伤在疾病发生、发展过程中所处的地位和作用，全面分析，综合判定损伤与疾病之间因果关系的类型。一种是损伤与疾病之间不存在因果关系，如果损伤与疾病之间存在因果关系，则可以分为直接因素关系和间接因果关系以及很难区分直接还是间接因果关系的“临界型”因果关系。

1. 直接因果关系　是指外界各种致伤因素直接作用于人体健康组织、器官，致组织、器官解剖学的连续性、完整性破坏，并出现功能障碍及与损伤有直接联系的并发症和后遗症，即损伤性疾病。

2. 间接因果关系　是指外界各种致伤因素作用于人体患病组织、器官，在正常情况下不至于引起组织、器官解剖学结构的连续性、完整性破坏及功能障碍，但使业已存在的器质性病变显现或加重。间接因果关系的基本表现形式为：① 诱因，损伤促发潜在性病变显现；② 辅因，损伤只在疾病过程中起辅助作用；③ 其他因素，损伤后又介入了第三人的行为、行为人本身的行为、自然因素、医源性因素等，造成了进一步损害。

3. “临界型”因果关系　是指外界各种致伤因素作用于人体患病组织、器官，引起组织、器官解剖学结构的连续性、完整性破坏及功能障碍，损伤与疾病两者作用基本相等，独自存在则不可能造成后果。

## 第四节 参与度

对损伤与既往伤、病并存，应当综合分析损伤在导致现存后果中的作用，按照《国际功能与疾病分类》，根据致伤因素在损害后果中原因力的大小分为没有作用、轻微作用、次要作用、同等作用、主要作用和完全作用六种情况，并以参与度加以量化。

1. 没有作用　外界致伤因素与损害后果之间不存在因果关系。外界致伤因素在导致现存后果中基本没有作用，参与度拟为 0～4%。

2. 轻微作用　外界致伤因素与损害后果之间存在间接因果关系，即诱因形式，外界致伤因素在导致现存后果中仅起轻微作用，参与度拟为 5%～15%，参与均值为 12.5%。

3. 次要作用　外界致伤因素与损害后果之间存在间接因果关系，即辅因形式。外界致伤因素在导致现存后果中起次要作用，参与度拟为 16%～44%，参与均值为 25%。

4. 同等作用　外界致伤因素与损害后果之间存在“临界型”因果关系。外界致伤因素与疾病独自存在不可能导致现存后果，为二者兼而有之，作用基本相等，损伤与疾病在导致现存后果中起相等作用，参与度拟为 45%～55%，参与均值为 50%。

5. 主要作用　外界致伤因素与损害后果之间存在直接因果关系，外界致伤因素在导致现存后果中起主要作用，即主因形式，参与度拟为 56%～95%，参与均值为 75%。

6. 完全作用　外界致伤因素与损害后果之间存在直接因果关系，外界致伤因素在导致现存后果中起完全作用，参与度拟为 96%～100%，参与均值为 100%。

# 第五节　常见与外伤有关联的脊柱疾病

## 一、颈椎病

颈椎病是指因颈椎间盘退变本身及其继发性改变压迫或刺激了邻近组织，如神经根、脊髓、椎动脉、食管等所引起的临床症候群。颈椎病是临床上的常见病和多发病。流行病学调查发现，50 岁左右的人群中颈椎病的发病率为 25%，60 岁左右的人群中的发病率约为 50%，70 岁以后发病率则更高，几乎达到 100%，说明颈椎病的发病率在中老年人群中是随着年龄的增长而成倍递增。颈椎间盘的退行性变是颈椎病的原发改变，随着年龄的增加，椎间盘逐渐出现退变，随着椎间盘退变的进展，颈椎生物力学发生改变，可出现症状和体征，也可能暂时无症状，但在遇到劳损、外伤及感染等诱因后，颈椎间盘的退变明显加速并可在颈椎原发性改变的基础上产生一系列继发性改变，如髓核突出或脱出、韧带肥厚或韧带骨膜下血肿、骨赘形成、颈椎不稳、继发性椎管狭窄等，最终影响脊髓、神经根等，引发相应的临床症状。

### (一) 颈椎病的发生发展过程

1. 椎间盘变性期　椎间盘的退变是很多脊柱退行性疾病的最初原因，椎间盘变性从 20 岁即已开始。椎间盘退变的机制主要有以下几方面：① 软骨终板钙化、骨化，甚至是损伤破裂导致供应椎间盘的血供减少，使椎间盘内营养物质合成和代谢障碍，导致椎间盘细胞死亡和基质成分的改变，从而使椎间盘发生退变。② 椎间盘基质改变，主要是由于基质金属蛋白酶代谢障碍，导致椎间盘内Ⅱ型胶原向Ⅰ型胶原转变,出现Ⅲ型胶原,髓核内的蛋白聚糖聚合体合成减少,这些改变导致髓核的亲水性降低,椎间盘传达重量的能力发生改变引起退变。③ 炎症因子如 TNF-α、IL-1、IL-18 等通过影响正常细胞的生长分化,产生毒性作用,使间盘物质被逐渐吸收引起退变。④ 生物力学过度的负荷影响椎间盘细胞代谢,导致细胞外基质成分紊乱,从而引起蛋白聚糖聚合体减少,髓核含水量降低等一系列变化导致间盘退变。除此以外,遗传、工作性质、年龄及性别等也与椎间盘退变有关。

当颈椎间盘的髓核、纤维环及软骨板出现变性时,椎间盘的形态和功能均会发生改变,破坏颈椎的应力平衡,导致邻近的椎体、关节突、钩椎关节、韧带等组织发生改变,引发颈椎病。

髓核的退变一般在 25 岁以后出现,随着年龄的增加,髓核的含水量降低,导致髓核的弹性降低,引起椎间隙高度降低,椎节不稳,减弱或不能缓冲应力。在局部应力加大、外伤及劳损等情况下,可使椎间盘退变加速,导致纤维环出现裂隙并逐渐加深,变性的髓核可沿着纤维环的裂隙突向边缘,当纤维环完全断裂时,髓核可抵达后纵韧带或前纵韧带下方,严重者可穿过后纵韧带裂隙进入椎管,引起压迫或刺激,产生临床症状。

纤维环最早出现退变,大约 20 岁以后开始变性。早期为纤维组织的透明变性、纤维增粗和排列紊乱,进而出现裂纹。颈椎间盘的裂纹起自髓核,扩展至纤维环。裂隙的方向和深度同髓核变性程度及压力的方向和强度相一致,由于纤维环后方相对较弱,髓核从纤维环后方的裂隙中突出多见。在纤维环早期变性阶段,如能及时消除致病因素,有可能中止其发展;若一旦形成裂隙,由于局部缺乏良好的血供,则难以愈合。纤维环变性所造成的椎节不稳是髓核退变加速的主要原因。

软骨板退变出现较晚,主要为功能的退变。研究表明,软骨板与髓核的含水性能及营养代谢关系十分密切，可以起到为髓核和纤维环进行体液营养物质交换的半透明膜作用。当软骨板发生变性时，纤维环和髓核均失去滋养，导致两者变性加剧。

髓核、纤维环和软骨板三者相互制约，互为因果，相互加剧，形成恶性循环而推动椎间盘的退变不断发展。

椎间盘的退变并不固定在某一节段，同时也存在不同的模式：连续多节段椎间盘退变、跳跃性椎间盘退变（在多个退变的椎间盘中存在正常健康的椎间盘）。退变椎间盘将会改变力学特性，同时影响到邻近的节段，导致多节段的椎间盘退变。

2. 骨赘形成期　骨赘形成期是椎间盘变性期的延续，骨赘来源于韧带—椎盘间隙血肿的机化、钙化或骨化。由于椎间盘的变性，髓核组织在压力的作用下突破纤维环而突出于韧带下方，致韧带和椎体的周缘分离，形成椎间盘—韧带间隙。椎间盘变性本身还可造成椎体间关节的松动和异常活动，可引起微血管的撕裂与出血而形成椎间盘—韧带间隙血肿。这种血肿既可引起相应的症状，同时还会加剧颈椎的不稳和损伤，形成恶性循环。随着血肿形成，成纤维细胞即开始活跃，并逐渐长入血肿内，使血肿机化，再不断地老化并出现钙盐沉积，最后形成突向椎体边缘的骨赘。最常见于遭受外力作用较大的颈5、颈6和颈4。如果在血肿机化以前采取有效措施，这一过程则有可能逆转；一旦形成骨赘，则难以逆转，一般需外科手术切除。

颈椎间盘退变之后还可引起的小关节、钩椎关节、黄韧带、前后纵韧带及项韧带等结构发生继发性退变。从生物力学看，骨赘的形成以及小关节、黄韧带的增生肥大均为代偿性反应，结果是重建力学平衡。

骨赘见于两侧钩突、小关节边缘及椎体后上缘，椎体后下缘及前缘亦不少见。后期可有广泛的骨质增生，黄韧带、后纵韧带亦可同时增生。位于椎体后缘的骨赘主要刺激或压迫脊髓，而钩突、小节突等侧方骨赘主要刺激根袖而出现根性症状。椎体前缘的骨赘巨大时，有可能刺激食管。

从人体的防御机能角度看，骨赘也是一种自我防卫机制。椎旁韧带硬化及骨赘形成，可使不稳的椎节得到稳定，对局部的反应性、创伤性炎症起到相应的消退作用。

3. *刺激压迫期* 仅仅椎间盘退变及骨赘形成不是颈椎病，只有在合并继发性改变，压迫及刺激了邻近的组织和结构，导致临床相应的症状，才能算是颈椎病，这是颈椎病与颈椎退变的区别。因此，有的患者影像学上出现明显退变，但临床症状和体征却不明显，有的患者虽然影像学上退变为轻到中度，却引起严重的症状和体征。压迫或刺激脊神经根的主要是钩椎关节及椎体侧后方的骨赘、关节不稳或突出之髓核，早期为根袖处反应性炎症，压迫时间长则可继发粘连性蛛网膜炎，并可出现纤维化、缺血性坏死或神经变性。脊髓主要是受到后突之髓核和骨赘的刺激和压迫，另外，当伴有黄韧带肥厚、内陷情况时更会加重脊髓的损害。椎动脉的刺激或压迫几乎都是由于钩椎关节增生或不稳所致，椎动脉受到刺激或压迫时会出现血管的扭曲或痉挛，引起血流动力学的异常，致颅内供血减少而出现一系列症状，可表现为突然出现的眩晕或摔倒，但真正由于增生骨赘压迫导致椎动脉狭窄的很少见。

（二）颈椎病的临床分型及特点

1. *局部型* 以青壮年居多，少数患者在45岁前后发病，个别患者有颈部外伤，大部分患者都有长期低头工作的经历。主要症状是颈部感觉酸、痛、胀等不适，以颈后部为主，可放射到枕顶部或肩部，而女性患者往往诉肩胛、肩部也有不适；不知将头颈放在何种位置才舒适，患者往往将头颈限制在一定位置以缓解疼痛不适；有颈项部肌肉紧张，颈部僵硬，活动受限，一侧或双侧有压痛点。病理改变有：① 当椎间盘退变后，纤维环受到异常压力，刺激到分布于纤维环上的窦神经，反射到神经根后支，引起肌痉挛等症状；② 小关节退变性创伤性炎症能刺激神经末梢，引起颈部疼痛和不适；③ 神经根后支受刺激引起反射性痉挛；④ 外伤撕裂颈部肌肉产生反射性痉挛。

2. 神经根型　发病率最高型，常为单侧，也可双侧，多见于30～50岁患者，与外伤无明确关系，常见于体力劳动者。主要表现为与脊神经根分布相一致的感觉、运动障碍及反射变化。常见最早出现颈痛和颈部发僵症状，颈部活动时常感有杂音，肩痛及肩胛骨内侧缘部疼痛，上肢放射痛、根性痛是最常见的症状，颈部僵直、活动受限。椎间孔部可有压痛，并能使上肢疼痛加重，对确定病变部位有意义。

3. 脊髓型　少见，主要是颈椎间盘突出或骨赘压迫脊髓而引起症状。好发于40～60岁，常为多节段病变，因为起病隐匿，症状不重，缓慢发展，早期患者难以引起重视而很少就诊，常侵犯锥体束。病程多为慢性进行性，但在遇到外伤或长时间低头劳累后可迅速加重。

4. 椎动脉型　椎动脉第二段通过颈椎横突孔，在椎体旁走行。当钩椎关节增生时，可对椎动脉产生挤压和刺激，引起脑供血不足，产生头晕和头痛等症状。当颈椎退变、椎节不稳时，横突孔间的相对位移加大，穿行其间的椎动脉被刺激机会较多，椎动脉本身可以发生扭曲，呈螺旋状，与增生的钩椎关节相接触，更易使椎动脉发生痉挛，血流发生障碍，出现脑部供血不足的症状。

5. 食管压迫型　主要由于颈椎前方的骨赘过大，向前方突出，刺激或压迫食管，产生吞咽困难。

6. 混合型　神经根、脊髓、椎动脉三者出现两种以上的压迫或刺激时称为混合型。

（三）颈椎病与损伤之间因果关系

1. 慢性劳损　是指超过正常生理活动范围最大限度或局部所能耐受时值的各种超限活动所引起的损伤。它不同于意外创伤，而是一种长期的超限负荷，在日常生活中容易被忽视，是诱发和加剧颈椎退变最常见的因素。常见的慢性劳损因素有：不良睡姿，主要是高枕，因持续时间长，在睡眠状态下的大脑又不能及时调整，易造成颈部肌肉、韧带及关节的平衡失调，使椎间盘内部受力不均，影响涵水作用；不良生活习惯，如长时间低头玩牌等，颈椎长时间处于屈曲状态，引起颈椎的过度劳损；不良工作姿势，颈椎长期处于某种姿势容易引发颈椎病；不当体育锻炼。慢性劳损多见于工伤因果关系鉴定，如特殊工作岗位所致不良工作姿势、运动员日常超负荷锻炼等，在法医学鉴定时要具体分析，关注年龄、日常生理活动等因素参与作用的影响。

2. 外伤　头部外伤与颈椎病的发生和发展有着直接的关系。最常见的外伤为车祸，主要造成颈椎骨折脱位及挥鞭样损伤等，同时伴有小关节、韧带、肌肉损伤，引起颈椎不稳、椎间盘受力加大，加速椎间盘退变和椎体前后缘骨赘增生。还有生活意外，锻炼时不慎，医源性损伤如错误的推拿、牵引等，都可以引起颈椎病的发生。在法医学鉴定时要综合分析，考虑外力作用的大小、方向、持续时间以及年龄、颈椎病类型和症状严重程度等因素参与作用的影响，明确损伤与颈椎病之间因果关系及参与度。

## 二、椎间盘突出症

椎间盘由相邻椎体上下面的透明软骨板、周围的纤维环及位于中心部位的髓核组成。其主要功能是维持相邻椎体间隙的高度，对抗压缩，并使椎体的相对活动限制在一定的范围之内。正常的椎间盘具有弹性和韧性，有强大的抗压能力。由于其血液供应量少、营养差，所以极易发生退行性变性。好发部位多在活动度较大的椎体交界处，包括C2～C3、C5～C6、T11～L1、L4～S1 等部位。在日常生活及劳动时，椎间盘除要承受人体躯干及上肢的重量，还要承受人在劳作时外来的负重，故易发生劳损。

（一）椎间盘突出症概述

1. 发病因素

椎间盘自身的退行性变是椎间盘突出症发生的基础，损伤、遗传因素、肥胖、妊娠等均可构成椎间盘突出症的病因及诱发因素。

（1）椎间盘退行性变：椎间盘的退变从 20 岁即已开始。随着年龄的增长，椎间盘的水分和营养成分减少，逐渐发生椎间盘退行性改变。50 岁时，97％的腰椎间盘已经发生了变性，越向下的腰椎间盘发生变性与年龄相关的程度越严重。一般纤维环最早出现变性，早期为纤维组织的透明变性、纤维增粗和排列紊乱，进而出现裂纹甚至完全断裂。纤维环内裂是椎间盘退行性变的象征。纤维环的退变常出现在后部或两侧，在环内产生网状变性和玻璃样变性，失去原来的层次结构及韧性，出现裂隙。髓核多在纤维环变性的基础上继发变性，早期水分脱失和吸水功能减退，体积相应减小，活细胞减少，退变坏死的细胞较多，渐而其正常组织结构被纤维组织所取代。软骨板退变出现相对较晚，早期表现为功能改变，使作为体液营养物交换的半透膜作用减少，同时也加剧了纤维环和髓核的变性与老化。软骨板变薄、钙化和不完整，并产生软骨囊性变和软骨细胞坏死。中年以后，软骨板可出现撕裂，产生裂隙。在椎间盘组织中常可发现碎片和裂隙，这些裂隙开始出现在椎间盘与软骨板之间，常平行于软骨板，当裂隙增大或融合以后，椎间盘的中央部位可以变为完全游离，形成游离体。若纤维环再出现裂隙，髓核可通过此裂隙进入椎管。

关于椎间盘变性的生物化学机制目前尚不清楚，一般认为是多因素协同作用的结果。即细胞因子的减少和致炎因子的增多导致基质金属蛋白酶活性增加，使椎间盘软骨样细胞赖以生存的细胞外环境被破坏，加之髓核内水分丧失，导致椎间盘不能维持应有的张力。近年的研究还表明，COL9A2 和 COL9A3 基因以及编码多聚蛋白聚糖基因等发生突变，可导致椎间盘发生退行性变。

椎间盘的生物力学特征：① 椎间盘的压缩性。高负载可以造成椎间盘的永久变形，但不能造成纤维环的破裂和髓核的突出。加载实验发现，先发生破坏的总是椎体，而椎体本身的状况又决定了其损坏的方式。压缩加载虽未造成髓核突出，但在实验中却发现纤维环向外膨出，并以前方最为明显。② 椎间盘的弯曲性。纤维环的膨出总是发生在弯曲脊椎的凹侧，前屈时膨出在前，后伸时膨出在后，脊柱在侧弯时纤维环的膨出最为明显。③ 椎间盘的剪切性。实验发现，椎间盘的剪切度较高。有人认为剪切加载一般不会造成纤维环的破裂。④ 椎间盘的扭转性。纤维环的纤维与椎间盘水平面成 30°角，发生扭转时仅部分纤维承受负载，易发生损坏，所以，扭转是引起椎间盘损伤诸应力中最主要的类型。正常情况下，椎间盘的应力水平以纤维环的后侧及后侧两边为最高，这一应力集中部位与临床上椎间盘纤维环破裂、髓核突出的好发部位相吻合，这说明椎间盘突出症的好发部位与其自身局部的应力异常变化有关。

(2) 损伤因素：在日常生活中椎间盘承受很大压力负荷，通过腰椎间盘测压发现，站立位负荷如以 100% 计算，在坐位时增加到 150%，站立前屈位为 210%，而坐位前屈位达 270%。长期振动状态也可使椎间盘承受的压力负荷增大，同时也影响椎间盘的营养。长期积累应力引发椎间盘组织内一系列的生物化学改变，如 MMPs 表达增多、caspase-9 活性增强等，导致椎间盘基质的动态平衡失调，甚至发生细胞凋亡。在抵抗负荷方面，人体正常的椎间盘可承担 450kg 的压力而结构仍保持完整。所以，正常的椎间盘需遭受强大的暴力作用才能导致纤维环撕裂，引起髓核突出，并且脊柱的韧带及骨骼往往同时受损。一般认为，急性损伤并不能引起椎间盘突出，如腰背部的扭伤等。临床上严重的脊柱压缩骨折，有时甚至椎体压缩 1/2 以上，也少有纤维环的破裂，使椎间盘向椎管内突出。但是，损伤可以使椎间盘软骨板破裂，使髓核突入椎体内部，椎间盘抗扭转应力却相对较弱。对于单个椎体而言，旋转大于 3°时，纤维环的后外侧就会发生损伤。当腰椎前屈时，关节突关节的关节面会移开，此时加之扭转应力更易引起纤维环外层的急性破裂。已发生退变的椎间盘由于水分减少，椎间隙变窄，椎体及椎间盘周边部分的应力水平相对较高，一旦脊柱过度扭转或过伸、过屈，超出椎间盘周围韧带及关节突关节等的保护能力时，就会发生纤维环及髓核的突出。有时轻微的外力，如咳嗽、打喷嚏、抬腿、弯腰等也可能造成髓核的突出。另外，当有脊柱畸形、腰椎脊柱滑脱症和既往有脊柱骨折或脊柱融合术病史等，也可使脊柱的力学特征发生改变，造成椎间盘突出症的发生。有人认为，外伤只是引起椎间盘突出的诱因，损伤之前，无痛感的髓核已突入纤维环，而外伤使其进一步突出到外层有神经支配的纤维环而引起疼痛。椎间盘的损伤可以单独发生，不一定伴有骨折。若椎间盘已发生退变并有部分突出，则轻微的外力即可引起椎间盘外面的韧带发生撕裂。

(3) 其他因素：Varlotta 等对 63 例 21 岁以下的腰椎间盘突出症患者的统计发现，有 32%的病例有阳性家族史，说明椎间盘突出症的发生还与遗传因素有关；妊娠以及肥胖使身体的重心前移，脊柱承受了更大的负荷；吸烟和动脉硬化等导致椎间盘血液循环不良，易使椎间盘发生退变。

2. 分型　根据影像学表现不同，椎间盘突出分为中央型、侧偏型。腰椎间盘突出的中央型可分为Ⅲ度：Ⅰ度突出，即突出以一侧为主，伸展已过正中矢状线2mm；Ⅱ度突出，即突出以一侧为主，伸展已过正中矢状线4mm；Ⅲ度突出，即突出基本居中，并延伸到两侧。侧偏型包括左、右侧偏的后外侧方突出及椎间孔突出等。中央型突出压迫脊髓可出现中枢神经系统损害的临床表现，在腰部可压迫马尾神经。侧偏型突出压迫神经根，出现神经根受损的症状和体征。

3. 鉴别

(1) 椎间盘膨出和突出的鉴别：椎间盘膨出是由椎间盘退行性变所致，影像学上常显示多节段椎间盘膨出、黄韧带增厚、骨质增生等。

(2) 新鲜与陈旧椎间盘突出的鉴别：新发的椎间盘突出，一般在外伤后立即出现临床症状与体征，CT上显示突出的间盘组织密度与正常椎间盘一致。陈旧性椎间盘突出，临床表现可不典型，有时与影像学显示不一致。突出组织由于脱水导致密度不均或增高，MRI信号逐渐减弱，CT及X线片有时可见突出的间盘组织钙化。

### (二) 颈椎间盘突出症

颈椎间盘突出症是指髓核自变薄断裂或完全破裂的纤维环裂隙处突出，压迫相邻的神经、脊髓、血管等引起的各种临床表现的一种疾病。分为外伤性颈椎间盘突出症和退行性颈椎间盘突出症。

1. 外伤性颈椎间盘突出症　外伤性颈椎间盘突出症是指椎间盘正常或轻度退变，头颈部外伤暴力导致椎间盘纤维环部分或完全破裂，髓核突出引发颈神经根或脊髓的急性或亚急性损害。外伤性颈椎间盘突出症分为两种亚型：无骨折脱位型颈椎间盘突出症和骨折脱位型颈椎间盘突出症。

(1) 病因及发病机制：Farfar生物力学研究结果表明，创伤性脊柱旋转外力首先导致小关节突关节解剖结构的破坏，韧带组织的损伤，继而引起椎间盘纤维环撕裂破损，尤其椎间盘后外侧部在关节突脱位时最易破裂，椎间盘突出。这种破坏性极大的旋转剪力和张力常常与屈曲轴向压缩外力并存，造成颈椎间盘的严重损伤与破裂。而过伸性损伤，颈椎后柱同时承受轴向压缩暴力及旋转剪力的作用，无论颈椎间盘是否存在退变，颈椎间盘突出均是难以避免的。许多情况下，屈曲型损伤与过伸损伤相继连续发生或瞬间先后发生，造成灾难性损害。

（2）临床表现：外伤性颈椎间盘突出症患者伤后立即出现肢体瘫，为急性神经损害临床表现，约占90%。伤后数日内逐渐出现颈椎间盘突出症状，为亚急性神经损害临床表现，约占10%。

（3）诊断依据：① 多见于年轻人；② 具有明确的头颈外伤史；③ 无骨折脱位型影像学检查（MRI或CT）显示颈椎退变不明显，但椎间盘破裂或明显突出，神经根或明显受压。

2. 退行性颈椎间盘突出症

（1）病因及发病机制：随着年龄增加，小血管渗透性能力下降，纤维环弹力纤维失营养变性，在劳损中不断自内向外断裂，整个间盘的弹性及张力下降，髓核破裂或游离，导致间盘突出或膨出。这种退行性病变是呈缓慢发展的，导致颈椎高度降低，相应的椎间关节和钩突关节负重加大，解剖和生物力学关系紊乱，颈椎失稳和异常活动，椎体上下缘骨赘形成和关节肥大增生，前后纵韧带和后方的韧带松弛，并不断被牵拉、撕裂和自骨性组织上分离，不断的出血机化，产骨骨赘和后纵韧带及黄韧带的肥厚。突出的间盘、骨赘和肥厚钙化的后纵韧带复合物，会对神经、脊髓等重要功能组织产生机械性压迫或动力性磨损。随着脊柱前柱的退变演变，后方关节突肥大增生，黄韧带肥厚钙化内突，构成节段性椎管狭窄，从前后左右挤压椎管内神经组织，使脊髓血供缺乏或终止，从而产生变性、水肿，严重者产生囊性改变。

突出的椎间盘随颈椎的屈伸活动有动态变化。宋兴华等对 31 例颈椎间盘突出患者通过动态 MRI 测量不同体位下的突出椎间盘大小，发现椎间盘突出大小过伸位大于中立位，中立位又大于过屈位。张威江等行动态 MRI 研究发现，前屈位和后伸位时椎间盘突出均较中立位加重，尤以前屈位为重。张芳等报道在后伸位椎间盘突出程度加重，而在前屈位也可发生椎间盘突出程度加重，但发生几率和程度都较后伸位轻。Lao 等对 500 例有背痛症状患者进行直立位动态 MRI 检查，发现后伸位椎间盘突出程度较中立位显著加重，而前屈位较中立位加重不明显。研究结果均表明，后伸位时椎间盘突出加重，其机制可能是后伸位时纤维环和后纵韧带松弛，破裂的纤维环和髓核易向后突出；但前屈位时椎间盘突出程度的结果有所差异。纤维环未完全破裂时，前屈位后纵韧带紧张，椎间隙后方加宽，突出的髓核前移，突出程度减轻；纤维环完全破裂时，前屈位髓核前方受压，从破裂的纤维环进一步突出。

退行性颈椎间盘病变呈缓慢性加重，头部外伤可加速或促进这种退行性病变的进程，演变成间盘的急性和严重的突出，短期内症状加重或突然出现不同程度的瘫痪。

(2) 临床表现：退行性颈椎间盘突出症多发生于 40～50 岁，突出部位以颈 5/6、颈 4/5 为最多。通常分为三型：

① 神经根型，发病率最高，约为颈椎间盘突出症的 90%，表现为颈痛，甚至急性斜颈，反复长时间“落枕”是本型的早期症状。上肢和手麻木疼痛，颈部酸软无力胀痛，或颈痛剧烈不敢转头，伴有肩胛区内上角针刺样、放电样、抽搐样疼痛，30%以上的患者因枕大神经受刺激同时存在枕后耳后疼痛。颈部侧屈过伸、咳嗽、打喷嚏，甚至大声说话时均能诱发颈肩臂的疼痛加剧。严重者手内肌萎缩，动作笨拙，精细

动作困难。体征：一侧颈肌痉挛，颈部活动受限。患肢浅感觉、肌力和腱反射异常，或存在手内肌萎缩，突出的节段不同，所累及的颈神经各异，临床表现不同。臂丛神经牵拉试验阳性、椎间孔加压试验阳性或椎间孔分离试验阳性。

② 脊髓型，约为颈椎间盘突出症的 5%～9%。大多数患者隐匿缓慢发病，无颈痛史和颈部活动受限，先双脚麻木，继之膝关节发软、无力，走路似“无根”，踏棉花感。麻木渐自足小腿向上蔓延，双腿发紧，平卧时两腿“抽筋”，步态蹒跚，双手麻木，持物不能，甚至手屈伸均受限。少数人先颈肩酸痛、双手麻木，握拳乏力，渐累及双下肢，行走困难。个别人无明显外伤史，短期内骤然出现四肢麻痹，呈急性或亚急性发病。偶有颈部按摩或突然转头时诱发四肢全瘫。临床表现均为上运动神经元损害表现，即四肢肌张力增高，屈膝呈折刀样感，髌阵挛和踝阵挛阳性，腱反射亢进，病理征阳性，平胸骨角水平以下躯干及下肢浅感觉迟钝；还会出现早期根性神经疼痛症状，晚期手内在肌和上肢萎缩，手指屈伸功能不全，精细动作困难，表现为上下运动神经元损害并存。

③ 颈性眩晕型。多节段间盘突出或外侧突出型患者常会出现眩晕、头痛、四肢无力、猝倒等一系列椎-基底动脉供血不全症状。椎间盘退变、颈椎失稳和椎间盘突出，激惹椎旁交感神经丛导致椎动脉痉挛是最常见的病因，还有钩突关节增生肥大直接压迫椎动脉所致。

(3) 诊断：通过影像学检查即可确诊。

### (三) 胸椎间盘突出症

临床上少见。大多数学者认为退行性变是胸椎间盘突出症的主要原因，因为胸椎间盘突出往往发生在退变明显的胸腰段。创伤在胸椎间盘突出症发生中的作用仍存在争议，患者中有 14%～63%存在外伤史，某些患者外伤因素是确定的，某些患者外伤可能只是加重或诱发因素。

（四）腰椎间盘突出症

腰椎间盘突出症（Lumbar disc herniation，LDH）是指腰椎间盘发生退行性变以后，在外力作用下，纤维环部分或全部破裂，单独或连同髓核、软骨终板向外突出，刺激或压迫窦椎神经和神经根引起的，以腰腿病为主要症状的一种病变。本病是骨科的常见病和多发病，是引起腰腿痛的最常见的原因。多见于青壮年。流行病学研究显示我国腰椎间盘突出症人群的发病率高达 7.62%。腰椎间盘突出以腰 4/5 和腰 5/骶 1 椎间盘发病率最高，且突出部位多在椎间盘的后外侧，椎间盘的突出物主要压迫此处即将穿出硬膜囊的下一节段的神经根。一般情况下，腰 3/4 椎间盘突出压迫腰 4 神经根；腰 4/5 椎间盘突出压迫腰 5 神经根；腰 5/骶 1 椎间盘突出压迫骶 1 神经根。如突出部位在后侧中央或椎间盘纤维完全破裂，髓核碎片脱入椎管，可使神经根和马尾神经广泛受压。

腰椎间盘突出后引起腰腿痛的机制尚不完全清楚，目前比较一致看法有两种：① 机械压迫：压迫引起神经根传导特性的损害，神经根营养的障碍。② 炎症反应：髓核可引起组织炎症反应，突出的椎间盘作为生物化学和免疫学刺激物，可能是引起临床症状的原因。

脊柱失稳是腰椎间盘退变的重要原因，任何能够降低脊柱稳定性的因素都能够加速或加重椎间盘的退变。脊旁肌肉是维持脊柱稳定性的主要来源。多裂肌属于脊柱深层的肌肉，在腰骶部比较发达，是人体最强壮的肌肉之一，控制着脊柱后方的稳定。多裂肌的损伤会影响脊柱的稳定性，导致腰椎间盘突出症的发病或复发；反过来，腰椎间盘突出也可导致多裂肌的萎缩，形成恶性循环。多裂肌具有受损后不能自我修复的特点，但可以通过锻炼恢复肌肉的功能，激活萎缩的多裂肌。

（五）椎间盘突出症与外伤之间的关系

根据受伤方式、年龄和职业特点、伤后症状和体征以及影像学检查结果，综合分析椎间盘突出症与外伤之间的关系。对于外伤后出现的椎间盘突出的病例，法医学鉴定时要注意体表及其他合并损伤情况的检查，进而判定外力作用方式、大小和部位，是否造成脊柱过伸、过屈或过度旋转等。对于椎间盘退行性病变不明显，伤后即出现典型临床症状与体征的案例，椎间盘突出机制符合暴力作用的特点，应评定为外伤性间盘突出；对于临床症状不符合急性椎间盘突出症，或影像学上显示陈旧性椎间盘突出，则不能认定外伤性椎间盘突出；对于椎间盘退行性病变基础上外力作用所致椎间盘突出，即外伤史明确，影像学资料符合新鲜椎间盘突出特点，伤后短时间内出现椎间盘突出症的典型表现，同时椎间盘及椎体有不同程度退变征象的，应注意分析主要原因、次要原因，直接原因、间接原因。

值得注意的是，完全由急性损伤导致的单纯性椎间盘突出的伤情非常罕见，而急性外伤性椎间盘突出多合并脊柱骨折和（或）脱位，绝大多数不伴有脊椎骨折或脱位的椎间盘突出多系由于椎间盘退变或在长期慢性劳损的基础上，因脊柱受到外力作用后诱发（或促进）椎间盘突出的症状与体征显现（或加重）。

## 三、脊柱滑脱症

脊柱滑脱症的病因较多，主要有创伤、感染、肿瘤、先天发育缺陷、退变以及医源性等因素。基于经常发生于下位腰椎或腰/骶椎的单纯椎体滑脱主要是由于椎弓崩裂等先天性解剖因素和（或）慢性疲劳性、应力性损伤所致，主要因急性暴力性外伤引起者罕见。

1. 峡部裂型脊柱滑脱　峡部裂是脊柱滑脱症的重要发病原因，而峡部裂的形成较为复杂，一般认为是在遗传性发育不良的基础上关节突峡部受到反复的应力所造成。主要的因素有：(1) 遗传因素。腰椎胎生时有椎体及椎弓骨化中心，每侧椎弓有两个骨化中心，其中一个发育为上关节突和椎弓根，另一个发育为下关节突、椎板和棘突的一半。若两者之间发生不愈合，则形成先天性峡部崩裂，又称为峡部不连，局部可形成假关节样改变。目前认为峡部裂并非脊柱先天性异常，这种缺陷在新生儿中并不存在，是由于发育不良的骨骺在关节突的应力作用下分离形成的峡部缺损。脊柱滑脱是因椎弓发育不良，后天负重行走后峡部延长甚至断裂而逐渐获得。脊椎滑脱症有明显的家族遗传史，常伴有其他脊柱畸形，如骶裂、腰 5 椎体呈菱形等。(2) 疲劳性或慢性劳损性因素。腰椎是极容易遭受损伤的部位，因为人在站立位置时，下腰椎承受体重的大部分。腰骶关节是躯干前屈、后伸活动的枢纽，加上腰骶椎的生理弧度，使第 5 腰椎处于转折点的交界处，所承受的力量最大，特别是某些体力劳动者、舞蹈演员及运动员等，每天必须承受较大的负荷，更增加了下腰部损伤的可能性。椎弓发育不良的峡部相对细小，正常情况下，L5 椎间盘向前倾斜，L5 椎体存在向前滑移的剪力，背伸时椎弓临近的棘突受背伸肌和韧带的向下拉力，增加了下关节突抵抗滑移的应力，在持久反复作用的应力下，尤其是后伸位时，容易发生疲劳骨折，由于症状轻而忽视治疗，导致骨不连，形成峡部裂。(3) 创伤因素。腰椎峡部可因急性外伤，尤其是后伸性外伤而产生急性骨折，患者可闻及骨折声，伤后出现剧痛及活动受限。此种情况多见于竞技运动现场或强劳力搬运工，其发生部位以第 4 或第 5 腰椎多见。

2. 腰椎退行性型滑脱　是最常见的脊柱滑脱，也称假性脊柱滑脱。40 岁以下一般不发病，女性的发病率是男性的 4 倍，L4/5 水平的发病率为其他邻近椎体的 6 倍以上，峡部无明显断裂，滑部一般不超过 30%，滑移一般不再发展。多由于长期站立位脊柱节段性不稳定所引起，同时伴随损伤部位关节突的重建。

3. 发育不良型脊柱滑脱　由骶骨上部先天性发育异常引起。由于骶骨不够坚强，难以承受重力和应力，所以峡部和 L5 下关节突发生畸形。

4. 创伤型脊柱滑脱　由椎体其他部位骨折引起，不会发生单纯峡部骨折。

5. 病理型脊柱滑脱　非常少见，是局部或全身性骨病所引起的椎体向前滑脱。

## 四、椎管狭窄症

椎管狭窄是导致脊髓、马尾神经和神经根压迫性损害的常见原因之一，发生在腰椎最多，其次为颈椎，胸椎少见。

### (一) 颈椎管狭窄症

颈椎管狭窄症是指颈椎管存在先天性或发育性骨性狭窄的基础上，颈椎间盘退行性改变引起颈椎间盘膨出或突出，相邻椎体后缘和小关节突骨赘形成，后方黄韧带肥厚内陷等，使位于椎管内的颈脊髓和神经根产生压迫和刺激，从而引起临床症状。出现症状的主要原因是椎间盘退行性改变引起的椎间盘膨出或突出、骨赘形成、黄韧带松弛和异常椎间活动，骨性狭窄是次要原因，但是颈椎管狭窄症的发病基础，是潜在的危险因素。临床表现：(1) 脊髓压迫症状，一般首先出现脊髓中央灰质受压的临床表现，随着压迫的加重逐渐出现周围白质受压的症状。灰质受压表现为髓节性功能障碍。白质受累就会出现受损部位以下的腱反射亢进、出现病理反射、下肢肌力感觉障碍等。(2) 神经根压迫症状，首先表现为沿神经根分布区域的疼痛，经常相当严重，如同放电样的感受，很少出现两侧上肢同时出现。颈后伸或侧后伸时诱发沿着受累神经根区域的串痛，临床表现为 Spurling 征阳性。神经根障碍不同于单纯髓节障碍的表现，髓节多为双侧，神经根基本上为单侧。

(二) 胸椎管狭窄症

最少见，目前病因尚不完全明确，可能与下列因素有关：① 慢性退行性变：黄韧带骨化老年人多发，且以下胸段居多，同时常伴其他病理变化如后纵韧带骨化、小关节肥大、椎体增生等。② 积累性劳损：由于下胸椎活动度大，黄韧带在附着点处受到较大的反复应力致慢性积累性损伤，反复的损伤、修复最终导致黄韧带骨化。③ 代谢异常：氟可使软骨细胞钙化、骨化。炎症、家族性因素等是本病机制之一。

脊柱胸椎管具有相对较窄的解剖学特点，在退变程度相同的情况下，可能最先造成胸段椎管脊髓和神经根的压迫性损害，且由于缺乏有效缓冲空间，与颈、腰段相比，压迫和缩窄程度往往较严重，无缓解期，常呈缓慢的进行性发展，因长期缺血变性造成永久性瘫痪。胸椎相对较为固定，韧带和关节囊的病理性骨化倾向较易形成，与颈、腰段相比，除形成更严重的狭窄外，其范围往往较为广泛，常累及 4～6 个椎体，氟骨症则受累范围更加广泛。由于椎间连接结构所受应力较大，关节突、椎间平面退变更为显著，故狭窄常呈节段性多发性。

(三) 腰椎管狭窄症

腰椎管狭窄症是指腰椎管因某些因素发生骨性和纤维结构的异常，导致一处或多处管腔狭窄，压迫硬脊膜与神经根而产生的一些症状和体征的临床综合征。本病是腰腿痛常见原因之一。临床症状严重程度与影像学上椎管狭窄神经压迫的程度产不完全呈正相关关系。有解剖学分型和病因学分型。

1. 解剖学分型 (1) 中央椎管狭窄，通常发生在椎间盘水平，由于黄韧带肥厚、上位椎小关节增生内聚、椎体边缘骨质增生以及椎间盘突出造成。(2) 侧方通道狭窄，包括侧隐窝狭窄、根管狭窄和椎间孔狭窄等。

2. 病因学分型 (1) 原发性腰椎管狭窄，病因包括先天性畸形和发育异常。(2) 继发性腰椎管狭窄，主要是继发于腰椎退行性变、医源性因素、全身性疾病以及外伤。

成人的腰椎管狭窄几乎都与关节表面的滑膜退变而引起的骨质过度增生有关。多发生于50岁以上，青年人患此病非常少见。

## 五、颈椎后纵韧带骨化症

颈椎后纵韧带骨化症具有遗传倾向(常染色体遗传)，且具较长时间潜伏期(多为数年)。造成脊髓或神经根损伤的可能方式：(1) 挤压，异常增厚的后纵韧带骨化块对脊髓或神经根形成挤压，但椎管被侵占50%～60%而未出现症状者临床上并不少见，可见脊髓对于缓慢发展的压迫具有相当好的耐受性。严重者，挤压已使脊髓的耐受力接近极限，同时也使脊髓处于缺血状态，在此情况下，任何微小的颈部外伤即可造成显著的脊髓损伤。常合并的颈椎间盘突出，也是造成脊髓损伤的重要因素。(2) 邻接区失稳，两骨化区邻接处的椎间关节处于显著不稳定状态。当颈椎前屈运动时，两骨化带尖端向后方成角，可能撞击向前移动的脊髓，使其受伤。(3) 挫磨，骨化的后纵韧带的表面粗糙并呈凹凸不平状，随颈椎屈伸活动，硬膜及脊髓与之不断碰撞挫磨，势必会产生组织结构的损伤。临床表现与颈椎后纵韧带骨化症的程度有一定关系，但常不平行，当椎管侵占率大于40%时，脊髓病的发生率增加。当颈椎管绝对值小于 10 cm 时，多存在症状和体征；当小于 8 cm 时，出现严重损害。一般起病呈隐匿性，可以在较轻微的头颈部外伤后出现急性脊髓损伤，是无骨折脱位型颈脊髓损伤的主要原因之一。

## 六、黄韧带骨化症

黄韧带骨化症属于脊柱韧带病理性异位骨化性疾病。全脊柱有黄韧带附着的部位均可发生黄韧带骨化，但好发部位在下胸椎，是引起胸椎椎管狭窄并导致脊髓受压的主要病因之一。解剖结构、局部生物力学(劳损)、分子与遗传、内分泌、微量元素及血管炎症等因素均与脊柱黄韧带骨化症的发生有关。黄韧带骨化是由多种因素综合引起的，任何一种单存因素均不能完整阐述其发病机制。

流行病学调查显示，黄韧带骨化的发病有家族倾向、种族差异及性别差异。黄韧带骨化在黄种人群中的发病率较高，主要分布于中、日、韩等亚洲国家，尤以日本为显著；而欧美及非洲的高加索人、加勒比人以及黑人发病率较低。黄韧带骨化的种族差异表明可能与某种遗传因素相关。黄韧带骨化多发于中老年人，Aizawa 等研究发现男性的高发年龄段在 60 岁左右，而女性其高发年龄段在 50～70 岁，随年龄增长呈增高趋势，男性发病较女性多，发病率之比为(2～3)∶1，平均发病年龄约为 61 岁。在年龄超过 65 岁的亚洲人中，韧带骨化的发病率可高达 20%，而对于欧美人群的发病情况却罕见报道。

黄韧带骨化的发生与其解剖基础有着密切的联系。黄韧带骨化症多发于胸、腰椎，颈椎相对少见。一般单节段或双节段居多。Kobayashi 等认为黄韧带骨化的发生与解剖相关，因骨化常发生于韧带与骨连接处，颈 6/7 节段以上的关节囊部黄韧带未与骨性部位相连，颈 6/7 以下关节囊部与椎板间部分均与骨性部位相连，故颈椎黄韧带骨化少见，而胸椎黄韧带骨化常见。弹性纤维异常是黄韧带骨化的一个表现，颈椎的屈伸活动使动态压力反复作用而有利于弹性纤维的维持；胸椎和脊柱胸腰段由于长期静态张力致弹性纤维丢失，代之以胶原增生、成纤维细胞向软骨样细胞分化及韧带骨化的出现。

黄韧带骨化的发生常伴有前纵韧带、后纵韧带等骨化，邻近关节突关节的增生肥大以及相应椎体的骨质增生骨赘形成。该病理变化与慢性退行性改变相一致。Jayakumar 等学者的研究表明黄韧带骨化患者病理检测结果为黄韧带呈软骨样改变，内部胶原纤维大量增生，而起连接作用的弹性纤维明显减少，向骨化过度，为典型的慢性退行性变。

局部机械应力因素在黄韧带骨化的形成中有着重要的作用。黄韧带负荷的反复增减可引起反复性黄韧带的损伤修复，导致黄韧带骨化的发生。旋转应力在胸椎黄韧带骨化发生发展过程中起着重要的作用。Maigne 等对尸体的黄韧带附着部位解剖进行了翔实的研究，发现黄韧带骨化的发生率与关节突关节的旋转幅度呈正相关，旋转的角度越大，骨化的发生率越高。胸 10～11 处的小关节的旋转范围最大，此处骨化的发生率最高，且骨化的体积也最大。

内分泌、微量元素及血管炎症等因素在黄韧带骨化的发病机制中起了重要的作用。患有肥胖症、糖尿病及钙磷代谢障碍等疾病的患者更易发生黄韧带骨化。目前认为血管增生常伴随韧带骨化同时出现，韧带骨化的标志就是血管的大量增生。反复的损伤累积可诱使黄韧带背侧产生大量毛细血管，增生的毛细血管可延伸至黄韧带腹侧甚至相邻的硬膜囊。新生的毛细血管渗透性较高，因缺乏管壁连接复合体导致钙离子复合物在血管壁自由穿梭，并沉积在血管周结缔组织中，构成骨化的基础。脊柱黄韧带骨化的同时伴有局部炎症的发生。

颈椎黄韧带骨化症多发生在颈椎劳损概率最高的颈椎中、下段，提示黄韧带骨附着处积累性劳损、反复牵拉损伤和不断修复过程导致颈椎黄韧带骨化症可能性极大。早期常以颈痛就诊，中晚期出现颈肩臂痛和(或)四肢不全瘫。由于机械压迫来自后方，神经根性疼痛呈持续加重，可逐渐发展成手内在肌萎缩。四肢不全瘫表现为上运动元损害症状。

## 七、骨质疏松病理性椎体骨折

骨质疏松病理性椎体骨折是在骨质疏松症基础上，轻微外力作用于椎体后发生的骨折。

### (一) 关于骨质疏松症

骨的力学强度取决于骨的显微结构和骨矿物质含量，两者的降低均能导致骨力学强度的下降。通常用骨密度来衡量骨矿物质含量，骨密度下降到一定值时，骨折的危险性明显增加，称为骨折阈值。骨密度检测是诊断骨质疏松和预测脆性骨折的一项有效技术，是当今骨质疏松诊断和骨折危险性评估的最重要指标，具有快速、安全、无损伤的特点。

骨质疏松症是以低骨量及骨组织微结构破坏为特征的一种全身性骨骼疾病。骨质疏松症导致骨强度下降、骨脆性增加，轻微外力就可发生骨折，即易发生骨折。随着年龄的增长，这些部位骨折的发生率也在急剧上升，并且女性明显高于男性，其中主要以脊柱、髋部、前臂远端等部位最多见，而骨质疏松性脊柱骨折为最常见的并发症之一。

1. 分型　骨质疏松症分三大类：

(1) 原发性骨质疏松症：主要是由于增龄所致的体内性激素突然减少及生理性退行改变所致，分为绝经后骨质疏松症和老年性骨质疏松症。老年人要么成骨细胞活动功能下降，要么激素缺乏导致破骨细胞活动功能亢进，其最终结果是导致骨小梁变细、骨体积下降，而骨小梁数量的减少往往较厚度变化早。在老年人，显微骨折大量发生，并超过生理水平，当显微骨折积聚到一定程度时，即产生肉眼可见的骨折。尸体脊柱研究显示，椎体可耐受的最大负荷随衰老和骨质疏松的出现而降低。从 25 岁到 75 岁，胸腰段椎体的平均最大负荷大约从 8 000 N 下降到 2 000 N。带有完整椎间盘可传导压缩力情况下，老年人胸椎最大负荷可低至 500 N。随着人口老龄化以及人类寿命的延长，骨质疏松相关骨折已经成为老年人常见病，一般发生在 45 岁以后，以绝经后妇女最为多见，60～70 岁之间发病率最高。

(2) 继发性骨质疏松症：是由于疾病或药物所诱发，如糖尿病、甲减甲亢、贫血、白血病、慢性胃病、肝功能不全、类固醇类药物、肝素、抗惊厥药、免疫抑制剂、维生素 C/D 缺乏、维生素 A/D 过多，钙缺乏、蛋白质缺乏；还可继发于废用性问题，如长期卧床、局部骨折等。

(3) 特发性骨质疏松症：多见于青少年，一般伴有遗传病史，女性多见。妇女哺乳和妊娠期所致的骨质疏松症也列于此类。

由于原发性骨质疏松症首先发生在骨松质区域，导致骨小梁吸收、断裂，数量下降，同时在皮质骨区域出现穿孔，皮质变薄，从而造成骨强度下降，在轻微外力下就容易出现骨折。因此，骨质疏松性骨折首先出现在富含骨松质区域，脊柱椎体压缩性骨折、髋部骨折和桡骨远端骨折是骨质疏松患者中最常发生的三种骨折。一般认为已发生过骨折者，其再骨折之可能性增大。在上述三种骨折中脊柱再骨折率最高。骨质疏松椎体压缩骨折有三种形式：① 边缘骨折，是指椎体的前缘塌陷而后缘保持完整，多发生于中胸段和胸腰段的椎体，不分男女；② 挤压骨折，同样多发生于中胸段和胸腰段的椎体，导致整个椎体塌陷；③ 两面凹形骨折，椎体中央部分塌陷，多见于腰段椎体。骨质疏松性脊柱骨折多见于胸腰段椎体。因此处应力较其他集中，活动度大。

2. 病因

(1) 激素水平:① 性激素水平低下,绝经是导致骨质疏松症的最普遍的因素。② 甲状旁腺激素,增加破骨细胞活性,促进骨吸收,使骨钙释放入血,使血钙上升。③ 降钙素,抑制骨吸收,与甲状旁腺激素相反,使血钙降低。④ 活性维生素 D,既可以促进骨吸收,又能促进骨形成,正常生理量可有效防止骨质疏松。⑤ 甲状腺素,骨吸收及骨形成均需要甲状腺素参与。⑥ 皮质类固醇激素。⑦ 细胞因子。

(2) 营养状态:① 钙,不仅是骨矿物质的重要组成部分,而且对机体的细胞有重大作用和影响。调节钙的激素主要有三种,即甲状旁腺激素、降钙素、活性维生素 D。② 磷,血磷稳定是骨生长和骨矿化的必要条件之一,高磷和低磷均不利于骨基质合成和矿化。③ 蛋白质与氨基酸,是骨有机质合成的重要原料,过量摄取将影响钙的代谢。④ 镁,与钙离子互相竞争,镁离子浓度升高,可减弱钙的主要转动。⑤ 氟,适量的氟可以促进钙磷在骨基质上沉着,有利于骨钙化,增加骨强度。⑥ 不良嗜好,如过量摄取咖啡和茶,可促进钙排泄,导致骨质疏松症;过量饮酒在男性可明显的引起骨质疏松症;吸烟也可引起骨质疏松症。

(3) 物理因素:包括运动和日光照射。重力负荷等因素与骨质疏松的发病有关,经常运动者,肌肉强壮,对骨的应力增加,骨皮质增厚,骨骼坚硬。日光中紫外线照射皮肤后使维生素 D 增加,促进骨钙吸收。

(4) 遗传因素:白种人和黄种人比黑种人易患骨质疏松症,身材矮小的人比身材高大的人易发生骨质疏松症。

(5) 性别:女性多于男性。有报道,50%的妇女与 20%的男性一生中至少有 1 次骨质疏松病理性椎体骨折。

(6) 年龄:多发于 50 岁以上老年。骨质疏松脊柱骨折主要发生于平均年龄为 68.5 岁的老年人,在此期间机体骨骼无机物含量减少,骨弹性减少而脆性增加,骨代谢出现负增长,长期积累导致骨量缺失,骨密度降低,骨质和量均降低,从而出现骨质疏松。

(7) 长期制动。

### (二) 骨质疏松病理性椎体骨折的临床表现

在骨质疏松基础上,日常活动如扭转身体、搬物、开窗、乘车颠簸、急起急坐、甚至剧烈咳嗽等轻微的动作,即可导致脊柱骨折,因此部分患者可无明确外伤史。临床主要表现为:

1. *疼痛* 最为常见的是腰背疼痛。骨质疏松引起椎体压缩性骨折,往往首先出现急性或慢性腰背酸痛,负荷增加时出现腰部疼痛加重,甚至翻身起卧及行走活动明显受限。但在一部分已发生骨折的患者中也可不出现明显症状。

2. *脊柱变形* 是骨质疏松性脊柱骨折最典型的临床症状,主要表现为脊柱生理曲度发生异常改变,如后凸、侧弯畸形、身高缩短和驼背、胸廓畸形等。骨松质比骨皮质更容易发生骨质疏松性改变,而椎体主要由骨松质组成,因此容易产生身高变短等症状。骨质疏松导致椎体强度变弱而变形,椎体压缩而椎体后结构并未压缩,造成脊柱前屈和后突畸形,形成驼背。

### (三) 影像学检查

1. *X 线* 在常规 X 线片上,骨质疏松所致脊柱骨折具有以下表现:(1) 骨折位置:骨折常发生在下胸椎和上腰椎;(2) 骨折特征:扁平形、楔形,以双凹形最有特征,相邻椎间盘膨大呈双凸透镜状膨突至凹陷椎体内;(3) 骨质疏松:胸腰椎骨有密度减低、骨皮质变薄、骨小梁减少等骨质疏松表现,好发于胸 12 椎体和腰 1 椎体,可单独一个或同时多个椎体受累，椎体前缘骨皮质发生皱褶、中断、嵌入，椎体内出现横行致密带，边缘模糊，同时还可发现椎体有不同程度的骨质疏松和退行性改变。(4) 畸形：脊柱后凸畸形是老年人椎体压缩的重要表现，椎体高度丢失 大于 4 cm 就会表现出 15°的后凸畸形。

2. CT 扫描　骨质疏松症发病初期可发生骨松质密度减低，常表现为整个椎体或中央区域的均匀低密度，也可呈斑点状、蜂窝状、栅栏状或不规则小条片状低密度改变。椎体骨皮质普遍变薄，椎体后角及周边可因增生性骨赘而呈高密度突起，两侧常不对称。骨质疏松性椎体压缩所呈现的楔形和鱼椎样变形等形态学改变，其高度减低以椎体中部明显，且多伴有变形椎体邻近椎间盘的膨出或突出。常可见骨折线，多累及皮质骨和松质骨，甚至可累及附件，也可有骨折片移位突入椎管内，亦可呈现椎体后方皮质弧形突出，有时骨折部位似为骨质破坏。

3. MRI　骨质疏松椎体骨折常是多个椎体，可以陈旧骨折与新鲜骨折同时存在于脊柱的不同水平，也可以在一个有陈旧骨折的椎体上再次发生新鲜骨折，从 X 线、CT 上很难区别新鲜还是陈旧的，MRI 可以鉴别，即使很轻微的骨折小梁断裂。MRI 虽然不能很好反映皮质骨或骨小梁的直接破坏，但骨折可引起血管损伤、骨髓内出血水肿，在 T1 加权像呈低信号，在 T2 加权像和 STIR 序列上呈高信号。由骨髓水肿引起的相对均匀的 T2 加权像高信号可持续 4～6 周，骨结构和血管结构的破坏可持续更长时间。陈旧性骨折的信号与邻近正常椎体相一致，从而区分新、旧骨折，故 MRI 是区分陈旧骨折和新鲜骨折的最好方法。

# 第六节　脊柱伤病关系案例点评

## 一、椎间盘突出症案例

**案情**:缪某,女,53 岁,于 2016 年 4 月 16 日骑电瓶车时不慎被摩托车撞击致伤,右侧躯体着地,当即感右侧前臂内侧及手指疼痛麻木。专科查体示其脊柱无畸形,颈椎 5、6 棘突压痛、叩击痛,颈椎活动明显受限,压颈试验阳性,右侧上肢颈 5 神经支配区痛觉减退,肌力、肌张力基本正常,病理反射未引出。数天后出现双上肢肌力 4 级,双侧 Hoffmann 征及 Babinski 征阳性等。颈椎 X 线:颈椎生理曲度变直,诸颈椎体及附近未见明显骨折征象,颈 4/5/6 椎体缘骨质增生,局部关节面硬化,钩突变尖,其椎间孔变小,颈 4/5/6 椎间隙狭窄,椎旁软组织未见异常,项韧带钙化。颈椎 MRI:颈椎生理曲度存在,未见明显滑脱征象,诸椎体边缘可见骨质增生改变,C3～7 椎间盘向后突出,硬膜囊前缘受压,神经管出口狭窄,脊髓形态信号未见明显异常。诊断为颈部脊髓不完全损伤、急性不全性迟缓性四肢瘫。行手术等治疗。法院委托要求对缪某的颈髓不完全损伤与 2016 年 4 月 16 日交通事故之间是否具有因果关系及其参与度进行鉴定。

**分析**:颈椎间盘突出症是指髓核自变薄断裂或完全破裂的纤维环裂隙处突出,压迫相邻的神经、脊髓、血管等引起的各种临床表现的一种疾病。分为外伤性颈椎间盘突出症和退行性颈椎间盘突出症。外伤性颈椎间盘突出症是指椎间盘正常或轻度退变,头颈部外伤暴力导致椎间盘纤维环部分或完全破裂,髓核突出引发颈神经根或脊髓的急性或亚急性损害。随着年龄增加,小血管渗透性能力下降,纤维环弹力纤维失营养变性，在劳损中不断自内向外断裂，整个间盘的弹性及张力下降，髓核破裂或游离，导致间盘突出或膨出，即为退行性颈椎间盘突出症。这种退行性病变是呈缓慢发展的，导致颈椎高度降低，相应的椎间关节和钩突关节负重加大，解剖和生物力学关系紊乱，颈椎失稳和异常活动，椎体上下缘骨赘形成和关节肥大增生，前后纵韧带和后方的韧带松弛，并不断被牵拉、撕裂和自骨性组织上分离，不断的出血机化，产生骨赘和后纵韧带及黄韧带的肥厚。突出的间盘、骨赘和肥厚钙化的后纵韧带复合物，会对神经、脊髓等重要功能组织产生机械性压迫或动力性磨损。退行性颈椎间盘病变是呈缓慢性加重，头部外伤可加速或促进这种退行性病变的进程，演变成间盘的急性和严重的突出，短期内症状加重或突然出现不同程度的瘫痪。缪某，女性，本次交通事故发生时 53 周岁，交通事故致右侧躯体着地，当即感右侧前臂内侧及手指疼痛麻木，体检示其颈椎 5、6 棘突压痛、叩击痛，颈椎活动明显受限，压颈试验阳性，右侧上肢颈 5 神经支配区痛觉减退。后逐渐出现肢体肌力下降、病理征阳性。未发现头颈部有外伤性损伤，说明头颈部无交通事故直接外力作用。摄片示其颈 4/5/6 椎体缘骨质增生，局部关节面硬化，钩突变尖，其椎间孔变小，颈 4/5/6 椎间隙狭窄，项韧带钙化，颈 3～7 椎间盘向后突出，硬膜囊前缘受压，神经管出口狭窄，考虑为颈椎病、颈 3～7 椎间盘突出致椎管狭窄伴脊髓前缘受压。结合缪某年龄、自身存在颈椎退变以及头颈部无交通事故外力的直接作用及损伤，其颈椎间盘突出符合退行性颈椎间盘突出症。虽然其头颈部无交通事故直接外力作用，但交通事故撞击倒地后立即出现症状，并渐渐加重，考虑交通事故外力间接作用后加速或促进这种退行性病变的进程，演变成间盘的急性和严重的突出而出现症状，交通事故参与度考虑为 25％为左右为宜。

## 二、椎管狭窄伴脊柱滑脱案例

**案情：**高某，女，46岁，2015年10月18日在单位工作时被撞伤右大腿。伤后2天门诊，查体未见右大腿局部外伤性改变。2015年10月26日即伤后8天诉右踇趾无力，门诊查体示其右踇趾背屈无力，右髋前屈无力。伤后13天门诊查体示其右踇趾背屈乏力，踝背屈也无力，行走时无力，右腓肠肌僵硬，右股内侧股股肿、压痛，诊断为腓总神经受损。伤后20余天肌电图示右腓总神经损伤。伤后4个月因右下肢疼痛麻木不适伴足下垂住院治疗。入院查体示其下腰段压痛明显，叩击痛(一)，双下肢直腿抬高试验(一)，右下肢股四头肌肌力Ⅴ级，胫前肌肌力2级，足下垂，右踝关节及踇背伸活动障碍。MRI检查示L4/L5，L5/S1椎间盘退变，并平L4～S1面椎管狭窄改变，腰椎退变。肌电图示右下肢部分所检肌群神经源性损害肌电改变，下肢L4、L5、S1节段支配肌累及为主，考虑腰骶神经根受损可能。出院诊断为腰椎狭窄症。委托人要求对高某右腓总神经损伤、腰椎狭窄症与其2015年10月18日被撞伤右大腿之间是否存在因果关系进行鉴定。

**鉴定经过：**观察2015年10月20日右股骨中上段正位X线片，示其右股骨中上段及软组织未见明确异常。观察2016年2月17日腰椎X线片、2016年2月19日腰椎CT片、2016年1月15日及2月14日腰椎MRI片，示其L4椎体轻度向前滑脱，L3～S1椎间隙膨隆，L4～S1平面右侧黄韧带肥厚钙化，L1～S1椎体及椎小关节边缘骨质增生(L4～S1为著)，L4/L5椎小关节积气，L5/S1椎间盘积气，L4～S1平面椎管狭窄伴L4～S1侧隐窝狭窄(右侧为著)。

**分析：**被鉴定人高某2015年10月26日出现右踇趾无力，数天后又出现右踝背屈无力，逐渐发展加重至右下肢疼痛麻木不适伴足下垂。最终肌电图检查提示右下肢部分所检肌群神经源性损害肌电改变，下肢 L4、L5、S1 节段支配肌累及为主，考虑腰骶神经根受损可能。摄片示其 L4 椎体轻度向前滑脱，L3～S1 椎间隙膨隆，L4～S1 平面右侧黄韧带肥厚钙化，L1～S1 椎体及椎小关节边缘骨质增生（L4～S1 为著），L4/L5 椎小关节积气，L5/S1 椎间盘积气，L4～S1 平面椎管狭窄伴 L4～S1 侧隐窝狭窄（右侧为著）。以上影像学变化为腰椎退行性病变，导致 L4～S1 平面椎管狭窄伴 L4～S1 侧隐窝狭窄（右侧为著），与肌电图提示右下肢 L4、L5、S1 节段神经损害吻合，说明腰椎退行性病变致 L4～S1 平面椎管狭窄伴右侧 L4～S1 侧隐窝狭窄，压迫相应平面节段神经根，致其右下肢 L4、L5、S1 节段神经损害，出现右下肢疼痛、麻木、足下垂等症状。被鉴定人高某 2015 年 10 月 18 日右大腿撞伤，伤后 2 天门诊检查未见其右大腿有外伤性表现，且其腰部未遭受外力直接作用，伤后 8 日才开始逐渐出现右下肢无力、麻木、疼痛等症状，经摄片及肌电图检查证实系其自身疾病，即腰椎退行性病变致 L4～S1 平面椎管狭窄伴右侧 L4～S1 侧隐窝狭窄，压迫相应平面节段神经根，致右下肢 L4、L5、S1 节段神经损害，出现右下肢疼痛、麻木、足下垂等症状，故右腓总神经损伤、腰椎狭窄症与 2015 年 10 月 18 日右大腿撞伤之间不存在明确因果关系。

## 三、椎体骨质疏松病理性骨折案例

**案情：**明某，男，76 岁，2013 年 11 月 5 日在交通事故中受伤，伤后住院治疗，入院查体示其腰部局部有压痛，活动稍受限，双侧臀部局部有压痛。腰椎正位片未见明显骨折征象。给予对症治疗。2013 年 12 月 25 日因胸腰部疼痛 50 余天再次住院治疗，腰椎 MRI 摄片示 T12 压缩性骨折。诊断为 T12 椎体压缩性骨折、骨质疏松症。委托人要求对明某 T12 椎体压缩性骨折与 2013 年 11 月 5 日交通事故之间是否存在因果关系进行鉴定。

**鉴定经过**：观察 2013 年 11 月 5 日胸腰椎 X 线片示：胸腰椎体骨质增生，下胸段椎体尤为明显，胸 12 椎体前缘上、下骨质增生明显，无明显骨折线，椎体略有压缩变形。2013 年 11 月 11 日胸腰椎 MRI 片示：胸 12 椎体信号改变，符合胸 12 椎体新鲜骨折特征。2013 年 12 月 24 日腰椎 X 线片示：胸 12 椎体压缩程度较前明显，椎体压缩接近 1/3，椎体上下面呈双凹变形，椎体前缘轻度塌陷呈楔形变，其他同前片。2014 年 5 月 9 日胸腰椎 CT 片示：胸 12 椎体陈旧性骨折，压缩程度较前有进展。

**分析**：胸腰椎 X 线片是胸腰椎部外伤的首选检查手段，但因 X 线片拍摄的角度、窗宽窗位的选择以及影像片的质量等原因，单纯的 X 线片有时并不能明确地诊断椎体轻微压缩性骨折，结合其他影像学检查手段，尤其是 MRI 检查，其在椎体外伤时，对组织结构中水含量改变的高度敏感性，对椎体内挫裂伤出血、轻微的压缩性骨折等较 X 线片及 CT 诊断更具有价值。结合被鉴定人明某交通事故伤后出现腰部疼痛、活动受限，X 线片未发现椎体明显变形，伤后 6 天查 MRI 提示胸 12 椎体骨折，说明被鉴定人明某 2013 年 11 月 5 日交通事故伤后胸 12 椎体可能存在轻微骨折。骨折是退行性骨质疏松症最常见和最严重的并发症。椎体压缩性骨折时可见椎体呈双凹变形，椎体前缘塌陷呈楔形变，常见于第 11、12 胸椎和第 1、2、3 腰椎。被鉴定人明某交通事故伤后当日摄 X 线片未见胸 12 椎体骨折线或明显变形，说明交通事故外伤程度较轻。明某交通事故伤时年满 76 周岁，医院诊断为骨质疏松症，其胸 12 椎体上下面呈双凹变形以及附近椎体存在明显骨质增生，椎体呈进展性压缩变形，符合老年性骨质疏松症的特征，其胸 12 椎体在骨质疏松症基础上因轻微外伤而引起压缩性骨折，属于退行性骨质疏松症的并发症，轻微外伤可能为交通事故外伤，也可能为日常生活活动、劳动或意外。故明某胸 12 椎体压缩性骨折与

2013 年 11 月 5 日交通事故之间可能存在的次要因果关系，交通事故参与度为 16%～44%为宜。

## 四、腰椎骶化案例

**案情**：某男，35 岁，在工作过程中扭伤腰部后出现腰腿痛。腰椎摄片提示腰椎骶化，未见明显骨折及退行变征象。CT、MRI 摄片未见明显椎间盘突出及骨挫伤、软组织挫伤。在工伤认定过程中，劳动部门要求对腰腿痛与腰部扭伤之间因果关系进行鉴定。

**分析**：腰椎骶化是指第 5 腰椎全部或部分转化为骶椎形态，一侧或两侧的横突及其椎体下端与第 1 骶椎形成部分的或完全的融合，造成影像学上所见腰椎数目为 4 个、骶椎为 6 个的状态。有时一侧或两侧第 5 腰椎横突肥大呈翼状，与骶骨融合成一块，并与髂骨嵴形成假关节。腰椎骶化是脊柱发生过程中较少见的发育异常，影像学上这种移形椎的发生率为 4%～6%。1917 年，Bertolotti 首次描述这种异常，并认为其与慢性持续性下腰痛、下肢疼痛不适等症状密切相关，后称之为 Bertolotti 综合征。目前对腰骶部移行椎的分类方法有很多，最常见为 Castellvi 等提出的分类法，分四个类型：Ⅰ型为横突发育异常，横突肥大呈三角形，其宽度超过 19 mm；Ⅱ型为完全腰（骶）化，横突肥大，形状类似骶骨翼，与骶骨相接触形成关节样结构；Ⅲ型为完全腰（骶）化，横突与骶骨发生骨性融合；Ⅳ型为混合型，双侧横突肥大，一侧与骶骨相接触为Ⅱ型表现，另一侧与骶骨形成骨性融合为Ⅲ型表现。其中Ⅰ至Ⅲ型又根据病变累及单侧还是双侧横突而分为 A、B 两个亚型。上述分类方法具有明显的临床应用价值。有文献报道存在移行椎的腰痛患者中，Ⅰ型畸形的比例占一半以上。根据 Castellvi 的经验，Ⅱ型移行椎及其上方的椎间隙是椎间盘突出症的好发部位。腰椎骶化发生在人体上、下半身运动力学的转换交接处，是生物力学中上、半身重力向两下肢分力延伸的部位。从解剖学上看，此处对人体起着重要的支撑、承重作用。因为腰椎骶化时腰椎数目减少，单个腰椎负荷加重，常出现下腰痛，有报道腰椎骶化中合并下腰痛者达74.6%。其主要原因为假关节周围的韧带、肌肉等软组织慢性劳损，出现充血、水肿、渗出、增厚而压迫或刺激神经；假关节难以吸收外力所引起的震荡，造成损伤性关节炎。另一常见症状为坐骨神经痛，主要原因为该处软组织的慢性劳损，出现充血、水肿、渗出、增生等炎症反应，使神经根及其分支受到压迫或刺激，而反射性出现坐骨神经症状。腰椎骶化有以下几个特点：(1) 多数有慢性的腰酸腰痛症状，且都呈反复多次发作的特点，而且与急性的腰肌扭伤、腰椎小关节紊乱等明显影响功能活动有区别，与腰椎间盘突出症的下肢放射痛、直腿抬高试验阳性也有显著不同；(2) 腰椎骶化的酸痛，表现部位是腰骶椎脊柱夹角区，部位相对局限，不敢下蹲，难以挺立，无放射抽痛，无明显肌痉挛为特征，与肌肉韧带劳损相关联；(3) 肌肉韧带劳损病症与气候温度、劳动强度有相关性。腰椎骶化病症与体位变化、活动规律、间断发病有对应性。临床上多因其他原因拍X线片时发现这种先天性脊柱畸形。影像学检查定位很重要。X线平片是腰椎定位的最准确直观的观察方法，首先根据第12肋确定第12胸椎，然后从第12胸椎往下数定位腰椎。如果第5腰椎和骶椎连在一起，则称为腰椎骶化；如果5个腰椎分辨很清楚，而骶椎又出现所谓第六腰椎征象，则为骶椎腰化。辅助方法：(1)“三长四翘五肥大”：L3的横突最长，L4的横突上翘最明显，L5的横突最肥大；(2) 双侧髂嵴连线一般位于L4/L5椎间隙水平。

**结论**：通常情况下，不管是什么移行椎，都是一种发育的异常，所以没有临床症状的移行椎并无临床意义，但对于外伤合并腰腿痛者，往往涉及法医学因果关系鉴定。本案腰椎骶化所致腰腿痛与腰部扭伤之间无直接因果关系，但不排除腰部扭伤加重其症状。

## 五、骶椎腰化案例

**案情**：某女，25 岁。因纠纷后出现全身多处软组织挫伤伴腰腿痛，腰椎摄片示其骶椎腰化，未见明显骨折征象。委托方要求对其进行损伤程度鉴定。

**分析**：骶椎腰化是指第 1 骶椎向腰椎移行，与第 2 骶椎分开，形成腰椎样形态，造成影像学上所见腰椎数目为 6 个、骶椎为 4 个的现象。骶椎腰化较腰椎骶化为少见，常无相关的阳性症状。其形成也是因为胚胎期脊椎形成过程中，某些影响发育的因素使之异化而造成一种先天性发育异常。因为骶椎腰化时骶椎数目增加，可使腰椎两侧受力不平衡，这些因素一定程度上导致劳损和退行性变。骶椎腰化最常见的症状是下腰痛，其机理同腰椎骶化。

**结论**：本次轻微外伤诱发或加重了其腰腿痛症状，根据《人体损伤程度鉴定标准》第 4.3.3 条之规定，不宜作损伤程度评定，仅说明因果关系。依据损害后果与致伤因素之间的因果关系分析，其致伤因素的参与度为轻微因果关系。

## 六、腰椎骨折合并椎体血管瘤案例

**案情**：张某，男，64 岁。因过公路时被汽车碰擦摔倒，伤后自行爬起，感腰背部疼痛不适，到医院 X 线摄片见腰 4 椎体变扁，未发现确切骨折线。留院观察期间由于背部疼痛无缓解，于伤后 3 日行腰椎 MRI 检查，提示腰 4 椎体骨折，给予住院保守治疗。法院委托要求对张某的伤残程度进行法医学鉴定。

**鉴定**：法医学临床检验示其腰部活动轻度受限，行走自如。读伤后 3 日腰椎 MRI 片示：腰椎生理曲度存在，腰 4 椎体 T2W1 高信号，且前缘可见低信号，考虑腰4椎体骨折合并血管瘤。读伤后6个月腰椎MRI片示：腰4椎体压缩变扁，达1/3，以椎体中后缘为著，腰4椎体轻度向前移位，腰4椎体前缘可见血管瘤征象。

**结论**：交通事故外伤导致张某腰4椎体在腰4椎体血管瘤病变的基础上发生压缩骨折(压缩达1/3)，评定为道路交通事故十级伤残，建议交通事故外伤参与度为50%左右为宜。

**分析**：脊柱血管瘤是较常见的脊柱良性肿瘤，是发生在椎体的血管错构瘤，通常无症状，发病率随着年龄增长而增多。在尸体解剖中，其发病率在2%～10%左右。腰椎和胸椎所占比例明显较高，女性较男性常见，因为临床上大部分患者无症状体征，多数患者是在偶然查体中发现的，除非压迫性脊椎血管瘤，由于广泛侵袭椎体、椎弓，甚至压迫脊髓和神经根，引起相应的压迫症状。脊柱血管瘤分为无症状性血管瘤、压迫性血管瘤、症状性血管瘤。CT和MRI是脊柱血管瘤的主要影像学检查手段，X线摄片检查示典型表现为椎体的栅栏状改变，不典型者几乎无明显病损改变。MRI表现多数呈T1WI低信号，T2WI高信号，增粗的骨小梁信号被掩盖，回波表现病变信号依次增强，广泛累及椎体者可出现并造成椎体变扁，类似椎体压缩骨折。有时与新鲜椎体压缩骨折难以鉴别。本案系交通事故致伤腰部，X线摄片发现腰4椎体变扁，未发现确切骨折线。MRI检查发现腰4椎体高信号，类似新鲜外伤所致，报告结论结合病史考虑腰4椎体骨折。在伤后6个月要求进行交通事故伤残鉴定。读片发现腰4椎体在CT影像显示有骨小梁断裂及压缩征象。MRI显示整个椎体都均匀呈T2WI高信号，支持骨折引起的血管损伤、骨髓内出血水肿的征象，但也可能是椎体血管瘤的影像表现，还可能是椎体血管瘤合并骨折表现。如何鉴别呢？鉴定时再次复查MRI可以明确。如果是单纯新鲜骨折，3个月后MRI影像的T2WI的高信号应该有所变化；而椎体血管瘤因为没有治疗则没有变化，还应该是高信号表现。本例 6 个月后的 MRI 显示腰 4 椎体 T2WI 整体信号发生改变，但前缘 T2WI 仍呈高信号，证实是腰椎血管瘤合并压缩骨折，而且腰 4 椎体较伤后压缩程度加重。原因是腰椎血管瘤骨质进一步稀疏，在同样的暴力下更容易出现压缩骨折，而且骨折处由于血管瘤关系在愈合过程中压缩程度进一步加重。通过 CT 及 MRI 还发现骨折椎体压缩，呈椎体后缘重而前缘几乎没有压缩的影像表现，不符合常见的椎体压缩骨折前缘重，后缘轻的普遍规律，说明椎体后缘受血管瘤侵蚀重。结合交通事故中系碰擦，外来暴力并不大，更多的原因是疾病所致。鉴定时考虑到伤后椎体后缘压缩不足 1/3，但伤后 6 个月鉴定时压缩达 1/3，疾病与外伤互为因果，故评定交通事故十级伤残，外伤参与度为 50%左右。